遇见菲律宾

一位中国学者的旅菲散记

李开盛 著

上海社会科学院出版社
SHANGHAI ACADEMY OF SOCIAL SCIENCES PRESS

序

为什么是菲律宾

为什么是菲律宾

作为国际问题研究人员，我去过的国家不算多，但也不算很少。在我关注的东亚国家中，我去韩国的次数更多，我虽然算不上韩国问题专家，但相对菲律宾而言，我对韩国的了解可能还是多一点。我为什么不揣浅陋，单单写一部有关菲律宾的札记呢？

这也是我要问自己的问题。

记得我第一次去菲律宾是 2015 年。当时正在从事东亚第三方与中美关系的研究，计划选两个国家进行调研，我的选择是：东北亚韩国，东南亚菲律宾。理由是：这两个国家都是美国的盟国，同时又分别与朝核问题、南海问题两大涉及中国外交与中美博弈的地缘政治热点紧密相关。在那之前，韩国我已去过几次，但菲律宾从未涉足。

为了对菲律宾有一定程度的了解，我当时申请了国家留学基金委员会的资助，拟到菲律宾大学亚洲中心进行为期半年的访学。当同事们听到我要去菲律宾时，第一反应往往是：你为什么要去菲律宾？一些人觉得我把六个月花费在这个地方不值得。我曾去国家留基委设在上海的集训部，这是专门为获得留基委留学资格的人办理出国手续的地方，我当时想咨询去菲律宾的签证等相关事宜。结果对方并不知道得比我更多。据一个工作人员说，他这里从来没有人办到这个国家访学手续的。包括我去菲律宾驻上海总领馆申请签证，也没有访问学者或相关签证类型。结果我只能申请商务签证，其居住期限为59天，而我访学期限定为半年。怎么办？对方告诉我只能到了菲律宾以后再申请签证延期。我不知道菲律宾的签证本就这样，还只是在中国如此。

当然，这只是上海的情况。在东南部省份，关注和研究菲律宾的人稍多些。例如，等我到达菲律宾大学亚洲中心后，了解到数年前曾有暨南大学的代帆博士和广西民族大学的陈丙先博士在那里访学，我访学期间也有中国学者前去短时间访问、交流的。访学期间还参加了由菲律宾大学亚洲中心举办的一个菲律宾研讨班，成员多为来自东南部沿海省份的学者。北京也有一些学者从事菲律宾或与菲律宾相关的研究，如北京大学的吴杰伟教授、外交学院的查雯博士等。但中国学者总体上对菲律宾不够重视，特别是对其政治、外交缺乏深入的研究，应该是一个事实。

这种忽视可能是不应该的。在笔者去访学的2015年，当时菲律宾发起的南海仲裁案正闹得沸沸扬扬，对中国外交提出了严峻的挑战。2016年6月，杜特尔特出任菲律宾总统后，中菲关系实现了180°的大转折。但可以大致肯定的是，杜特尔特的友华态度并不是菲律宾对华政策的终点，中菲关系还会继续起伏下去。有心的朋友可能还记得，在对华不那么友好的阿基诺三世之前，女总统阿罗约曾执掌马拉卡南宫（菲律宾总统府）长达9年①，并宣布中菲关系进入“黄金时期”，但结果还不是在阿基诺三世时期陷入动荡？究其根源，还是在于根深蒂固的南海岛礁主权归属及其附近海域的权益争端（也就是简称的南海问题）。由于涉及敏感的主权问题以及重大的战略、经济利益，要任何一方轻易让步是不可能的。所以说，南海问题可能得到管控，但很难被彻底解决。一旦受到某些因素的触发，南海问题就可能“跳”出来影响到中菲关系。而中菲关系一旦恶化，其影响还不只限于双边。一是由于南海争端在很大程度上成为东盟国家对华政策的风向标，中菲关系势必影响到中国与东盟整体关系；二是菲律宾是美国的盟友，一直是美国牵制中国的一个重要棋子。从这个意义上讲，说菲律宾是我们周边外交棋盘上的支点国家，此话并不过分。

在此背景下，对菲律宾研究的忽视便显得难以理解。究其根源，我想一个重要的原因可能是，无论在学术界还是政策界，确实部分存在着不重视小国的自大心理。在一些人看来，

① 菲律宾实现总统单任期制，一任6年，不得连任。阿罗约之所以能够担任9年的总统，是因为其前任埃斯特拉达2001年因涉嫌贪污被迫下台，作为副总统阿罗约继续完成她的任期，并于2004年当选总统，直到2010年卸任。

外交主要是搞定美国、俄罗斯这些大国，觉得一旦“纲举”必“目张”，其他国家便不在话下。

国际政治确实首先是大国政治，但不全部是大国政治。而且，在攸关中国核心利益的周边国家中，切不可小视了第三方小国的作用。像菲律宾这样的国家，虽然是美国的小盟友，但却是独立自主的主权国家，其内政外交自有一套逻辑，而且和越南一样，处于像南海争端这一重大问题的核心。如果仅仅重视美国而置这些国家于不顾，我们的政策可能就有盲人骑瞎马之虞。而且，进一步看，中美权力结构性矛盾决定了中方作为空间的有限性。特别是自特朗普政府上台、明确中国为美国首要“战略竞争对手”以来，中美关系的转圜空间事实上越来越小。在这种情况下，如能从第三方小国打开局面，对于我们的双边外交、周边外交乃至大国外交，都不无益处。

自党的十八大以来，对周边小国忽视的现象多少有所改观。一是研究上较前有所重视，教育部已开始在高校设置各种地区国别研究中心，对小国的研究至少在数量分布上上去了；二是在政策上也重视从周边开始，甚至将其摆到“首要”的位置，先后提出了互联互通、中国东盟命运共同体、亚洲安全观等一系列强化与周边关系的概念。包括把“一带一路”倡议作为重大战略推出，个人以为也是从周边出发，通过侧翼推动大国外交且带活中国全盘外交之举。

从内政来看，菲律宾也是一个值得考察的对象。作为美国制度的复制品，菲律宾先前被称为“亚洲民主之窗”，但现在却被许多人视为失败民主或劣质民主的典型。菲律宾民主真的是那么糟糕吗？其他国家又可以从中学到什么经验与教训？其政治为何能够在推翻独裁的马科斯政权后30年的时间仍保持基本的稳定？杜特尔特的当选与执政也是一个有趣且有深意的现象。作为一个处于传统边缘地区的市长，却能够以“菲版特朗普”的形象入驻马拉坎南宫。上任仍不改其不拘一格的言行，推行受到西方批评的禁毒政策，却一直保持了较高的支持率。无论从政治学、社会学甚至是民族心理学的角度来看，“杜特尔特现象”可能都是值得研究的课题。

事实上，研究小国外交，不但要从其外部行为着手，也需要观察其内部特性。国际关系理论总喜欢把国家看成相似的行为体，在外交决策方面总是根据同样的逻辑行事。这个道理或许没有错，但错的是它忽视了每个国家的外交决策都有其自身的特色、风格与取向，而决定这些的往往是其自身独特的历史、文化甚至是民族性格。正是从此角度看，要理解菲律宾的外交，就需要我们投入较其他周边国家更多的精力。这是因为菲律宾与我们有太多的不同：地理上中国是一个大陆国家，菲律宾是一个群岛国家；历史上中国自诩有五千年文明，而菲律宾群岛真正成为一个国家不到五百年，而且还是受西班牙殖民统治的结果；文化上中国崇尚儒家传统容纳多种宗教，菲律宾则是我国周边唯一以天主教为主导的国家；政治上中国是社会主义国家，菲律宾则奉行美国式民主体制。诸如此类的差异，都不能不对菲律宾的外交产生深刻影响。但目前在不多的菲律宾外交研究成果中，很少深入去涉及其历史、民族与文化；而一部分菲律宾研究者往往是外语学院的教师，主要从事语言、文化的研究，则较少涉及政治与外交。

正是基于这些背景与考虑，笔者当时才决定到菲律宾进行为期半年的访学。除了外交议题之外，还争取对菲律宾的历史、文化、社会进行更多的考察与了解。在菲律宾朋友的帮助下，我访谈了学者、退休大使、非政府组织人士等。除了参加一些学术会议、讲座之外，主要精力放在各地走访与考察上面。除了居住的马尼拉外，我还走访了碧瑶、杜马革特、卡班卡兰、巴科洛德、奥隆阿坡、达沃等城市，还曾在尼格罗斯岛上的农民家里体验了几天的生活。所到之处，也尽可能地了解当地风土人情，尽可能全方位地丰富自己对菲律宾的了解。那半年期间，已撰写了一些相关的游记或札记，内容涵盖了菲律宾的历史、社会、政治、文化与中菲关系等，多发表在澎湃新闻网、《环球时报》《东方早报》《文汇报》《环球》等期刊、报纸和新媒体上面。

2015 年访菲归来后，笔者一直同相关的菲律宾学者保持着密切的联系，并邀请过其中一些来上海讲座。我还有幸参加所在单位上海社会科学院与达沃雅典耀大学、达沃市政府的相关合作项目，并于 2017、2019 年两次再度赴菲，进一步加深了对菲律宾的印象与认识。

但总的看，本书中的文章不过是笔者管窥之见而已。全书的内容也说不上系统，也不是规范的学术文章，只是呈现出来的一些有关菲律宾的知识“碎片”。之所以想把它们出版，主要是觉得国内关于菲律宾的出版物太少。作为引玉之砖，笔者不过是以自己浅薄的经验，将一些浅识拙见奉献给大家，尤其是国内对菲律宾感兴趣的普通读者，以求在为丰富信息略作贡献的同时，期待引起大家的思考与更多人的研究，并尽可能客观全面地认识菲律宾。

目　录

一

不一样的菲律宾

菲律宾民主怎么了？

菲律宾自从独立（1946年）以后，就仿照美国建立了自己的政治体制。在建国后的三十来年时间里，菲律宾经济发展很快，人民生活水平也在亚洲居于前列，因此一度被其前宗主国美国满意地称为“民主之窗”。但是，时至今日，菲律宾的民主似乎风光不再，一些批评者更是因其经济发展水平提升缓慢（尽管这几年经济增长率保持在大约6%—7%的水平，但人均国民生产总值仍只有2 000多美元，被许多亚洲国家反超，与其20世纪70年代领先许多亚洲国家的情况形成鲜明对比）、施政效率低下、腐败盛行，而将其称为劣质民主的典型。而对于美国这个“老师”来说，则因为最近杜特尔特上台后执行严厉的禁毒政策中出现了一些被他们批评是“法外杀戮”的事件，使得不少美国人对选出这样一个总统颇为失望（虽然美国人也选出了一个与杜特尔特有近似之处的特朗普）。

那么，菲律宾的民主真的“腐化变质”了吗？它又能为其他国家提供什么经验与教训？

要回答这些问题，或许首先需要了解一下菲律宾人自己是怎么想的。前菲律宾大学校长阿布埃瓦（Dr. Jose V. Abueva）

曾和人编过一个有关宪法改革的集子。他在书中提到，菲律宾大学进行过一项调查，发现菲律宾人对民主运作方式的净满意率为 -8%，也就是说不满意率超过了满意率 8%。而且，生活在城市里的人、处于社会上层的人不满意率更高，而生活在农村、社会底层的人满意率要相对高些。但是，值得注意的是另一些数字，即有高达 72% 的人同意“无论在什么情况下民主都是最好的政治体制”，仅仅有 13% 的人认为“在一定情况下，独裁可能是好事”。

这些数字说明了什么？我想可能有两点：

第一，菲律宾人并不是不满意民主，而是不满意菲律宾民主的运作方式。民主是现代社会的基础价值，西方宣称自己是民主社会，社会主义国家同样也强调自己有民主属性。所以，大家目标归一，但方式各不相同，而菲律宾人不满意的恰恰是其民主实施方式，而非反对民主价值本身。

第二，民主本身是一种独立价值，不能仅仅依据经济发展水平去评价和衡量。我们有时容易陷入这样一种思维惯式，即看一个国家的民主好不好，就看其经济发展行不行。这实际上是简化甚至贬低了人之所以为人的多样化需求，把人降到了只追求物质享受的动物层次。在强调民主本身价值的人看来，民主意味着一种更加自由、开放的生活方式，这是任何金钱和物质发展也换不来的。

但是，即使从民主本身而论，菲律宾也确实存在不少问题。民主的发展确实有优劣之分，只有意识到那些不成熟民主体制中存在的问题，才能更好地促进民主的发展，并为其他国家提供借鉴。概而言之，菲律宾的民主存在如下问题，其中一些已是国内外观察家的公论。

一、政治家族根深蒂固

在菲律宾政坛，家族政治十分盛行，这点在国内也有颇多介绍，此不赘述，只举当前几个菲律宾政坛核心主角为例。现任总统罗德里戈·杜特尔特（Rodrigo Duterte），其家族长期垄断达沃市政坛。在杜特尔特出任总统后，其女儿莎拉·杜特尔特（Sara Duterte）当选为达沃市长。前任总统阿基诺三世（Benigno Aquino Ⅲ），其母是曾于1986—1992年担任总统的科拉松·阿基诺（Corazon Aquino）。前任副总统比奈（Jejomar C. Binay），其子小杰约马尔·比奈（Jejomar Binay, Jr.）是大马尼拉地区马卡蒂市的市长，其女儿南茜·比奈（Nancy Binay）是参议员，还有一个女儿是众议员。在2016年大选中，代表执政党自由党竞选总统的内政部长罗哈斯（Manuel Araneta Roxas Ⅱ），其祖父曼努纽尔·罗哈斯（Manuel Roxas）是菲律宾独立后的首任总统，其父亲格雷多·罗哈斯（Gerardo Roxas）则担任过参议员。

对外国观察家来说，较少受到关注的是地方政治家族的问题。而与中央层面的政治家族问题相比，地方层面的问题或许更典型，也更严重。因为在菲律宾，一个家族要长期垄断全国政权的现象还是不太可能的，更常见的还是有影响的政治家族轮番登台。但在地方层面，更常见的是家族政治长期垄断一个地方的政权。至少，在笔者曾考察过的地方，都发现了长期执政的政治家族。例如，我曾在菲律宾中部尼格罗斯岛上的小城卡班卡兰（Kabankalan）的市政厅参观，发现墙上陈列着历任市长的肖像，其中有三位都姓泽科（Zayco）。后来一问才知道他们是出自同一家族，最老的那位曾于 1901—1904 年、1908—1912 年和 1916—1918 年担任市长，大概也就是在那个时候奠定了家族基业。而大泽科是他的孙子，曾于 1992—2001

卡班卡兰市政厅里的历任市长像（部分）；照片中两人为兄弟，左边是大泽科，右边为小泽科
（李开盛供图。本书中所出现的图片，如无特殊说明，均为作者供图）

年担任市长。任期届满之后，由大泽科的弟弟小泽科于 2001 年和 2010 年担任两届市长，之后由大泽科自己重新任市长。在笔者考察的其他城市如奥隆阿坡、达沃，均有类似现象。

依赖家族优势从政在很多国家不同程度地存在，包括美国、日本等，但像菲律宾这样极为普遍的可能不多。遍地的政治家族成为菲律宾民主一个奇怪的衍生物，中国的批评家们也多以此作为其“劣质民主”的例证。在菲律宾，左派是十分反对政治家族的，但许多民众并不以为然。笔者曾经问过一位菲律宾朋友，是否担心政治家族破坏民主？她的回答是：选票掌握在民众自己手里，如果他们不满意了就可以把政治人物选下台。依笔者之见，政治家族的普遍存在当然算不上是民主发达的迹象。一个家族长期执政很容易造成各种显性和隐性的不公平政治竞争，其后果就是把政治变成少数精英家族的舞台，老百姓们尽管也掌握着选票，但他们只是在舞台下面喝彩或喝倒彩的观众而已，这与现代的大众民主趋势是背道而驰的。尤其需要指出的是，这种家族政治又并未发展成那种高素质的精英民主。事实上，许多人之所以当选议员甚至是总统，仅仅就是因为他或她是其家族先辈的后代。例如，阿基诺夫人当年之所以当选，就在很大程度上是因为她是知名政治家阿基诺的遗孀；而阿基诺三世之所以当选，很大程度上又是因为其母亲去世而获得了不少同情票。

但是，我们也不应想当然地把政治家族当作一种完全非民主的东西。毕竟，这些家族都是经过选举执政的，虽然这些选举可能并非完全公正，但也绝非走过场。这种现象的广泛存在，可能还是与菲律宾的政治心理与文化有关。一般的老百姓似乎有种“移情”的心理，即往往将他对一个领导人的热爱延伸到其妻子、子女身上，从而支持他们当选。菲律宾国会一直在讨论《反政治王朝法案》，旨在通过限制同一家族参与政治的人数来限制政治家族。但是，该法案迄今没有被通过。杜特尔特拟修改 1987 年宪法，其中是否能够加入反政治王朝的条款，尚属未定之数。毕竟，当前无论是国会议员，还是各部首长与地方省市长，多出身政治家族，让他们去禁止政治王朝相当于让他们革自己的命。而且，那种认为限制同一家族担任多个公职妨碍了优秀人才从政的人仍不在少数，政治家族在菲律宾的民意基础仍广泛存在。即使在法律上通过了《反政治王朝法案》，由于政治文化仍未根本改变，法案也没有阻绝大家族持续参与政治的路子，要消除政治家族这一普遍现象仍然任重道远。

二、没有真正的政党

在现代政治中，政党不但是选举机器，更重要的是它是不同社会群体的利益表达载体和不同的政治理念表达的载体。通过不同的政党之间的竞争，不同的社会利益得以表达并妥协，而不同的政治理念也通过政党体系注入政治机器当中，使得国家保持理念上的多元与平衡。但是，笔者碰到的几乎所有菲律宾人都认为，菲律宾没有真正的政党。尽管菲律宾党派众多，但没有人能够说得出它们之间有什么区别。很难说出这些政党有什么自己的理念，即使有，可能也只停留在纸面上。正如有报纸文章作者的评论："我们的政党不代表任何东西。他们有不同的名字，但实际上都是一样的。政客们根本不忠于他们的政党，仅仅忠于他们自己。他们像花园里的蝴蝶和蜜蜂一样，很轻易地就从一个党换到另一个党。"由于对政党的政治忠诚度极低，如果一个党成为执政党，党员人数马上会大增，而一旦失去执政地位，则可能迅速凋零。

笔者 2015 年在菲访学期间，正好赶上人气很高的女参议员格丽丝·傅宣布参选总统。她不属于任何政党，是个独立参选人。但由于她的民意支持率高，一些属于执政党自由党的政客便宣布要加入她这一阵营竞选。后来，达沃市长杜特尔特也宣布加入总统角逐。由于他特立独行，拥有很多忠实支持者，甚至有的民调说他在某些地方的支持率还超过了格丽丝·傅，结果达沃所在岛棉兰老岛的一些自由党市长们又宣布支持杜特尔特。要知道，自由党是一个老牌政党，在马科斯时期扮演了反对独裁的中坚力量，其对理念的坚持与党的组织性更胜其他政党一筹。自由党如此，其他党更加可想而知。杜特尔特当选总统后，其所属政党民主人民力量党更是党员人数大增。对此，前参议院主席阿基利诺·皮门特（Aquilino Pimentel Jr）曾哀叹说党已被那些想与杜特尔特总统有所联系的政客们所“淹没”，他希望党的领导层能够确保那些“跳船”的政客们是“真诚的”，能够真正对党的理念感兴趣。但事实上，他的这个愿望也真的只是愿望而已。在2019年3月11日《菲律宾星报》的一篇专栏文章中，作者在回顾菲律宾政党史时哀叹说：我们的政党确实一直很弱，但今天它们更弱了。

当然，比自由党、民主人民力量党等更像“政党”的政党还是有的，那就是菲律宾共产党。菲律宾大学马尼拉分校的罗兰德·锡普兰（Roland Simbulan）教授曾在与笔者的访谈中提到，可能最像政党的是菲律宾共产党，因为它们有自己的纲领

支持格丽丝·傅竞选总统的集会

与纪律。站在笔者的角度观察，菲共长期受政府围剿、打压，却能生存至今，没有坚强的信念与组织确实做不到。但是，像菲律宾共产党这样的左派组织恰恰是菲律宾政治中最为边缘的部分。笔者曾观摩过属于左派的菲律宾全国民主阵线成立 42 周年的纪念大会，尽管现场气氛热烈，但出了会场，就对于菲律宾政治影响甚微。这点后文会有述及，此不展开。这里只想说明的是，菲律宾的大部分政党其实只是一些人聚合起来共同竞选的“临时性名称”而已。所以，菲律宾的各种政党组合很多，其中连接彼此的，理念可能还是次要的，更重要的是如何赢得大选以及瞄准大选后的利益分配。

当然要看到，真正政党的培育，需要一定的历史过程。菲律宾独立建国也只有几十年的时间，如果就要求其有一个成熟的政党制度，或许也是苛责。另外，要看到的是，马科斯多年的独裁政治也是中断菲律宾政党发育的一个重要因素。在马科斯出任总统之前，菲律宾已大致形成了自由党与国民党轮流执政的局面。虽然也不能说当时这两个政党就多么像真正的政党，但如果假以时日，不加中断，今天更有可能发展出一种成熟的两党政治。但是，自从马科斯 1972 年宣布军管法以来，政党活动遭到禁止，菲律宾的民主进程因此中断。1986 年，马科斯独裁统治被推翻，但长时间独裁统治已对民主政治的架构和文化造成损害，要恢复起来还需要很长的时间。

三、缺乏成熟的民主文化

对政治家来说，民主应该不只是选举与选票，其实也是一种对国家与社会的担当方式。所以，华盛顿会在连任总统一次后毅然告老还乡，即使当时的制度甚至舆论都允许甚至要求他续任总统。一种民主制度的维持，其实靠的并非只是制度层面的约束力，而必须有深层次的社会文化支撑，其中一点就是政治家的道德感与责任感。2000 年美国总统竞选的时候，民主党认为共和党候选人小布什的获胜是有争议的，在计票问题上僵持不下，但最后尊重了法院的判决。设想如果民主党及其候选人戈尔选择诉讼纠缠或是街头抗争（就像许多国家的败选候选人那样），那么美国社会当时可能陷入撕裂境地。所以，一种理性、妥协而且讲究道德感、责任感的政治文化特别是政治家文化是民主健康发展的重要条件。然而，这种文化在菲律宾可能是不存在的。菲律宾政客尊重的只是民主的形式，但实际上往往将政治生涯作为牟利的手段。在菲律宾，许多人都同意这样一种说法，即政治本身就是一桩最大的生意。所以，政客一方面大把投钱去竞选，一旦成功即理所当然地利用权力去捞回“成本”或是还金主的“人情”，其中看不到多少对整个国家的责任感与道德感。

民众的政治认识与选择也是一个国家政治文化的重要组成部分，甚至比政治家文化更加重要。前面之所以说普通民众缺乏政治理性，是指他们虽然掌握着选票，却很少严肃对待这些选票。菲律宾民众在评价政治家时，可能强调个性、品行等，但能力似乎最不重要。例如，我问过一些人，在对前总统的评价中，或许科丽·阿基诺最好，甚至公认为能力不行、贪腐缠身的埃斯特拉达也有一定人缘（他被迫下台后还经选举担任了多年的马尼拉市的市长）。相比之下，比较有能力的如拉莫斯、阿罗约则普遍评价不高，如有人认为埃斯特拉达是真小人，而拉莫斯则是伪君子。另外，前面所说的家族政治之所以能够在选举政治下出现，一方面是家族力量的优势，另一方面也是菲律宾人的一种“移情”意识：对一个政治家的认同会转移到其亲属特别是其后代身上。在笔者看来，这种“移情”认同也是一种政治非理性的表现，因为他用来评价候选人的标准不是个人能力，而是其家庭背景甚至遗传因素。

许多菲律宾民众缺少政治理性的一个表现就是以选票换钞票。凡是在经济社会不够发达的地方搞选举的，似乎总摆脱不了贿选的阴影，菲律宾也不例外。在大马尼拉地区，情况可能稍好，但在外省地区，正如一个当地选举监督组织所说的那样，购买选票仍然异常活跃，选举依旧是有钱人的游戏。2019年我访问达沃时，曾跟当地一位学者讨论过正在进行的中期选举。她说，在偏远的农村，花500比索就可以换一张选票。为了限制花钱买选票，菲律宾有时不得不出台一些比较奇怪的措施。例如，2013年菲律宾中期选举时，选举委员会为限制投票日前政客的贿选行为，竟然颁布“禁钱令”，即把单日提款额度限制在 10 万比索以下。但菲律宾政客贪污可能与中国官员贪污有一个重要的不同，即他们贪污得来的钱很大一部分是用在收买政治支持上面了。而普通民众，实际上也通过出卖自己的选票，在很大程度上参与了这场集体的分赃。对个体来说，这样或许是很理性的。选举过后，民众可能会发现很难兑付自己的政治权利。选举之前政客的承诺层出不穷，但选举过后则可能烟消云散。与其这样，在投票期间将自己的政治权利兑现成几百比索，可能是更为切实的收益。因此，越是贫穷的地方贿选情况就越普遍，这一点并非菲律宾所独有。但这些投票人没有想到的是，或即使想到了也觉得无能为力的是，当他们接

菲律宾众议院开会场景，不少席位都是空的

过政客代理人送上的比索时，实际上送出的是这个国家的真正民主及其未来。

所以，菲律宾民主的问题不是制度设计层面的，而是深层次的物质、文化层面的。在制度设计层面，虽然也有人在讨论是不是要把总统制改成议会制，总统任期是否要改成可连任一次，等等。但从根本上看，这些问题并非根本，即使改了也不一定更好。主要是物质层面和政治文化层面的东西，决定了菲律宾民主的未来。从物质层面看，当前菲律宾尽管经济发展速度不错，但仍然处于比较低的发展水平（人均 GDP 不到 3 000 美元）。从文化层面看，菲律宾人有着艺术家的气质（去看看吉普尼车上的五彩装饰就知道了），但缺乏哲学家的思维，老百姓更喜欢以看明星的眼光去看待政治家（事实上许多明星在菲律宾选举中当选，如前总统埃斯特拉达原来是演员，而现参议员曼尼·帕奎奥则是拳王，甚至现在还参加拳击比赛）。在这种情况下，有政党制度但缺乏真正的政党，有民主制度但没有实现高素质民主的物质基础和文化氛围，并不一定是菲律宾的独有现象。

对文化因素的追寻还促使我们去关注西班牙殖民统治的遗留影响。有人可能将菲律宾民主缺陷与移植美式民主相联系，但笔者以为其政治文化缺陷主要还是与历史上西班牙长达三百多年的殖民统治有关。西班牙统治时期在传播西方民主文化方面努力极少，但推广其中世纪封建遗留的一些做法却“功不可没”，如从上到下的庇护制、公开的卖官鬻爵以及利用当地家族充当殖民主义代理人等。美国致力于将现代政治植入菲律宾，但它统治时间事实上很有限，前后不过几十年的时间（1898—1946），中间还被日本侵略所打断。所以，菲律宾继承的虽是美国的政治制度，但却保留了西班牙时期的政治文化，这可能才是菲律宾民主发展不成熟的历史根源。美国人的问题或许是太过普世主义，从而忽视了菲律宾的本土国情。例如，美国人给菲律宾留下了一个美式的繁杂冗长的法律制度，但可能很少想过它能否在菲律宾行之有效的问题。笔者在菲律宾曾亲眼看到也听过不少案件积压迟迟得不到处理的情况，菲律宾为什么一度治安案件高发、选举时政治暗杀层出不穷，就与这种尽管有着发达的法律制度但只有薄弱的法治文化有着根本的关联。

总的来说，建立一种理性、健康、成熟的政治文化注定是一个长期的过程。有幸的是，菲律宾的民主已在路上，既不可能重新回到马科斯式的独裁统治，也不太可能像南越那样在内战中被另一个政体所推翻。南部的穆斯林叛乱势力虽然长期存在，但无力撼动以天主教文化为主体的国家政权。而且，通过2019 年 2 月穆斯林摩洛自治区的成立，长期存在的穆斯林与天主教之间的宗教矛盾、央地矛盾有望得到缓解，从而为菲律宾政治的自我调适提供了较充足的时间。而这一过程中积累下的经验与教训，也可以为其他国家的民主建设提供借鉴。

左派的未来

见识菲律宾左派，首先源于一起邂逅。

2015 年访学期间，我有晚饭后在菲大校园里散步的习惯。刚到菲律宾不久，当我一次散步至菲大校友会大楼时，看到外面旗帜飘扬，里面人声鼎沸，就进去看看热闹，原来是一个叫菲律宾全国民主阵线（National Democratic Front of the Philippines）的组织在举行成立 42 周年纪念大会。我进去的时候，看到礼堂的大屏幕上正播放着反映该组织活动的视频，视频的内容是一些人发来的祝贺讲话，其中一位好像是来自棉兰老岛的共产党支部负责人。然后有主要由年轻人进行的舞蹈表演，音乐激昂，动作充满愤怒，许多人手里还扛着枪（我觉得那是真的，会场里充满武装斗争的宣传）。我挤到前面去看，他们表演完就扛着枪在台下晃荡。最后，好像是该组织的领导人登台，一起高呼口号，摇晃红旗，纪念大会在热烈、激昂的斗争气息中落幕。

我当时从大楼出来后的第一感觉是，菲律宾的政治是不是“太自由”了？在很多国家，当局都不会容忍如此性质的纪念大会（尽管全国民主阵线是合法组织）。而该纪念大会在

菲律宾全国民主阵线成立 42 周年纪念大会现场

菲大举行，我想也不是没有理由的。作为国家财政支持的最大公办大学，也是最好的高等学府，菲律宾大学却一直是批判政府力量的集中地，不少老师都属于政治意义上的左派。笔者有次结识了菲大电影学院一个叫乔伊（Choy）的青年老师，他喜欢唱歌、聚会，总是侃侃而谈。我们遇到的时候，他的 T 恤上印着一个醒目的毛泽东像。当我介绍老家在毛泽东的家乡——中国湖南时，他马上以一种不失夸张的典型菲律宾口气说：我嫉妒你！然后，他还拜托我回国后给他搜集有关毛泽东的纪念品。

另外，前面提到过的罗兰德·锡普兰教授也可以算是一个左派学者。当我应邀到他家做客时，发现他家里柜子上就放着一个毛泽东的半身像。旁边还贴着一张毛泽东和几个革命元老的画，他要我替他翻译上面的中文，我告诉他是：毛泽东和他的元帅们。同去做客的菲律宾朋友告诉我，甚至在他家的卫生间里也有毛泽东画像。我进去一看，果真如此。

一、左派的历史与现状

谈起菲律宾左派，就不能不谈菲律宾共产党。该党成立于1930年，日本占领时期成立人民抗日军，按他加禄语简称胡克，所以又被称作胡克运动。日本战败与菲律宾独立后，菲共成立菲律宾人民解放军，仍然坚持武装斗争。1957年6月，加西亚政府公布《反颠覆法》，取缔菲律宾共产党和人民解放军。1969年初，菲共决定重新建党，将人民解放军重建为新人民军。该部队以毛泽东思想为基础，以建立新政府为目标，运用游击战与政治手段打击菲律宾政府。马科斯时期，左派与民主派一起，成为反对其独裁统治的重要力量。马科斯独裁统治结束后，菲律宾共产党一度与政府谈判，但斗争并未停止。9·11事件后，菲政府一度借势加强对菲共与新人民军的打击。直到目前，菲共与新人民军仍然在坚持与政府斗争，仍可从菲媒体中不时看到菲政府军与新人民军游击队发生小规模遭遇战的新闻，内容要么是游击队袭击某个军队据点，要么是菲军队打死新人民军某个领导人等。

左派并非限于共产党。前面所说的菲律宾全国民主阵线就是一个左派政党与组织的联合体，菲律宾共产党也是其中的一部分，但这一联合体的多数成员都不是共产党，如天主教民族阵线（Christians for National Liberation，CNL）、摩洛革命组织（the Moro Revolutionary Organizations）等。把它们团结在一起的是共同的目标：反帝反封建。根据全国民主阵线官网的介绍，该组织致力于民族解放与民主，“终结美国帝国主义和其本地盟友——大地主和买办——的统治”。当然，菲律宾共产党在里面发挥着重要的作用，其领导的新人民军也是该阵线的成员。2011 年之前，全国民主阵线仍处于非法地位。但当年 3 月 8 日菲律宾政府宣布，今后将不再把菲律宾全国民主阵线视

马尼拉警察在进行反街头运动的演习

为恐怖组织，而把它视为一个政治组织，双方在挪威首都奥斯陆开启和平谈判。

目前，与菲政府开展武装斗争主要是菲共及其领导的新人民军。新人民军在鼎盛时期有一万多人，目前人数说法不一，但估计仍有几千左右。新人民军被菲律宾政府称为恐怖主义组织，也被美国、欧盟列为恐怖组织，但联合国并未将其列为恐怖组织。2011 年 2 月，政府与菲共重启和谈，双方商定未来 18 个月达成全面和解，政府不再视菲共为恐怖组织。2013 年 1 月起，新人民军取消与政府的停火协议，改采取攻击态势。杜特尔特执政后，由于他与菲共领导人施顺（José María Sison）有师生之谊，上学时也曾受到过施顺的社会主义思想影响，人们一度对他执政时期的谈判抱有信心。但是，友谊毕竟只是友谊，而矛盾终究是矛盾。菲共提出要组建联合政府，而菲律宾政府则拒绝接受。所以，当前菲律宾政府与菲共仍是时谈时打，短期内也不可能了局。随着摩洛自治区的成立，菲律宾在维护国内和平方面可能将重点转移到处理菲共问题上面来，这将如何影响菲共及其斗争，还有待观察。

总体而言，无论是持枪的新人民军，还是积极参加竞选的左派小政党，菲律宾的左派势力一直持续活跃在菲律宾的政治舞台上，这与其他的东南亚国家形成鲜明对照。众所周知，在 20 世纪 70 年代以前，东南亚国家的共产党力量还十分活跃。事实上，正是由于担心中国革命胜利在东南亚引起多米诺骨牌效应，美国才开始出兵干预越南，从而陷入长期的战争泥潭。但时过境迁，到了20世纪70年代以后，除越南等共产党执政的国家以外，印尼、马来西亚、泰国等东南亚各国的左派纷纷偃旗息鼓，不再有什么声势。但菲律宾显然情况不同。尽管菲共与新人民军仍处于低潮，但其始终拥有一定的势力。那到底是什么原因，使得菲律宾的左派仍然十分活跃呢?

二、红旗还能打多久?

左派得以存在的最根本原因还是菲律宾仍然广泛存在的贫富差距与社会不公。菲律宾一直试图推行土地改革，即从地主手中赎买土地，由农民以分期支付较低数额金钱的方式取得土地。但由于政府施政效率低下，加上既得利益阶层暗中抵制改革，目前仍有相当多的农民没有自己的土地。另外，菲律宾人口增长速度快（目前人口已超过1亿），但其产业结构与经济增长尚不足以支撑这些人口迅速过上富裕生活，贫富差距加大。根据民调机构“社会气象站”（Social Weather Station）2015年第三季度发布的调查，当时失业的菲律宾人已超过1 000万，占成年人口的20%。2012年3月，这一数据曾高达34.4%。到2018年，这一数据仍处于22%的高位，而且对未

马尼拉的棚户区

来 12 个月是否有更多就业机会感到悲观的人也在增加。[①]然而在多数人贫穷的同时，菲律宾并不缺富豪。2019 年 1 月，菲律宾首富施至成去世。根据 2018 年福布斯排行榜的统计，他的身价为 183 亿美元。在菲律宾，类似的大小富豪不在少数。在大马尼拉，你固然可以看到大片大片的棚户区，但在市中心，也有许多门禁森严、世外桃源式的别墅区。只要不平等存在，只要贫富分化严重，就会为以平等为大旗的左派力量提供天然的社会基础。

① “社会气象站”作为非政府的民意调查机构，其失业率统计标准与政府有所不同，它将自愿离职、被裁员和第一次求职的菲律宾人均定义为失业人员。

在打击左派武装力量的过程中，军队常常发生的滥权、虐待人权的行为激起许多人士的反感，使他们反而成为左派的社会基础，甚至直接加入左派或是新人民军。例如，笔者认识一个致力于农民权益与人权保护的非政府组织负责人，他就对菲军队十分不满，并曾努力解救过被菲军队关押的人权人士。与他交谈中，他虽然不愿意承认自己是共产党，但也不掩饰对共产党与新人民军的同情。2015 年，笔者曾在菲律宾看过一部有关政治谋杀的电影，主人公是一位反政府人士，被军队诬为共产党，因此被抓被拷打，许多相关人士也被谋杀。整个影片里充满了对军队暴行的愤怒，以及暗含着对共产党的同情。

其次，美国对菲律宾的巨大影响特别是菲律宾在双边联盟中的不平等地位为左派批判提供了现实的靶子，也在某种意义上为左派存在提供了“合法性”理由。在左派看来，这种同盟充分说明了菲律宾不过是美国的“附庸”，菲律宾政府不过是美国的“傀儡”政府。特别是，美国一直致力于帮助菲律宾政府镇压左派反叛活动，更加直接引起了左派的憎恨。一般中国人可能想不到的是，菲律宾的左派往往既反华又反美，反华是由于南海争端，而反美则是出自意识形态上的根本对立。

还有，与其他的菲律宾政党相比，左派政党或组织的纲领更加明确，纪律性更强，因此其人数虽然少但往往具有很强的组织与信念优势，特别是有顽强的生存能力。锡普兰教授就认为，菲律宾共产党是菲律宾唯一的真正政党，因为他们有自己的政策计划，有自己的纪律。与此相对照的是，马科斯之后的菲律宾政府均较弱势。为了避免独裁重来，新的宪法不但限定总统不能连任，而且一再强调权力制衡，限制军人干政。这样做保障了民主制度的稳定，但政府始终处于比较弱势的位置。不但在国内经济建设等问题上缺乏足够的权力、魄力与效力，而且无力根除掌握有武装力量的政党。在相当长的时期内，菲律宾政府还面临更为头痛的伊斯兰反叛势力问题，从而牵制了其打击左派武装力量。

最后，菲律宾为了照顾小党派的利益，建立了界别团体代表（party-list）制度。国会中会有一些固定的席位留给那些代表边缘群体的政党，在选举中得票超过一定门槛的小党可以派代表进入国会。这一制度保证了处于边缘地位的小政党也能在政治舞台上有一席之地，能够生存下来并且发出自己的声音。许多左派就属于这样的小政党。

但是，菲律宾的政治社会特色可能也决定了左派永远只是这个舞台上的少数。一个原因是天主教传统。大部分菲律宾人信奉天主教，这个宗教强调权威、服从，一般菲律宾人因此都很难加入强调革命的左派，特别是共产党。在理念上，左派人士所主张的无神论更与多数菲律宾人的信教热忱格格不入。所以，信仰虔诚的普通菲律宾人一般很难以接受左派或是共产党。还有一个原因就是上面所说的界别团体代表制度。该制度固然保证了小党的声音，但事实的另一面是也限制了左派的声音。因为进入该名单并得到一定票数的小政党至多只能在国会占有三席。如果不靠这套制度去参选，左派又可能在普遍保守的主流民意面前惨败。所以，这种制度设计有助于维持左派声音的存在，但事实上又给其影响力划定了范围。

依笔者的判断，不管今后菲律宾政府与菲共如何谈判，左派会在一贯保守的菲律宾社会中存在下去，某些情况下还可能有所发展。但是，这样的政党与组织的声音还是比较小的，对菲律宾社会的整体影响并不大。即使是那些零星发生的政府军与游击队之间的冲突，普通老百姓也基本无感，至多只是政治经济社会大流中的一点微澜。但是，左派的存在作为一种警示的声音，特别是其背后所代表的社会诉求，对完善菲律宾的政治社会本身有着重要的意义，应该值得菲律宾自己高度重视。

农村印象*

对处于现代化这一时代背景下的发展中国家来说，农村既是基础，也往往是最容易暴露出脆弱面的“短板”。2015 年 6 月中旬，在菲律宾大学亚洲中心——我当时访学的单位——工作的德国人鲁道夫问我是否愿意与其前往菲律宾中部尼格罗斯岛农村调研时，我便一口答应。通过鲁道夫原来工作过的一个当地非政府组织的联系，我有机会探访了该岛卡班卡兰城及其附近的农村，并在其中一户农家住了三天，访问了那里的一个农民协会，跟他们一起到地里劳动，对于菲律宾的农村有了一个初步的体验。

一、一分土地，半分收获

在农村，最大的问题就是土地。长期以来，菲律宾农村就像解放前的中国一样，多数土地由少数人所占有，无地的农民则作为佃农租种地主的土地。事实上，这可能也是土地已成为

* 注：本文最初发表于《文汇报》，2015 年 8 月 27 日，收入本书时有修改、补充。

商品但生产力水平低下的农业社会中的普遍情况，但也是造成贫富分化与社会不公的重要根源。正如前文所述，菲律宾的左派包括共产党为何能够绵延不绝，这大概是一个重要原因。在这种情况下，菲律宾在20世纪60年代开始进行土地改革，由政府出面征购地主超过一定面积的土地，农民再以分期支付的方式以较低价格得到土地。1988年，阿基诺夫人政府更是推出著名的综合土改法，这被称为是菲律宾有史以来最全面的土改项目，也是同期世界范围内最重要、覆盖范围最广的土改项目。

但是，由于菲律宾政府施政效率低下，加上政策设计本身的原因，尽管多次出台土地改革方案，但其实施总是一再拖延和打折，地主也想办法对政府政策予以规避。那家非政府组织的负责人介绍，当地至今多数农民仍没有自己的土地。我去尼格罗斯岛时所借住农家所在的那个社区情况稍好，他们已在20世纪90年代通过政府的方案得到了土地，每个家庭2公顷。当地农村拥有很多农民自发组成的协会，我去访问的那家共有家庭成员36户，每户保留1.5公顷的土地自己耕种，拿出0.5公顷的土地作为集体用地。当地是传统上的甘蔗产地，但现在也开始种植水稻，因为甘蔗价格走低且不稳，而大米是当地农民主食，价格也更好，他们希望能够自给自足并有更好的效益。

但看得出来，这种效益还是相当有限的。据该协会介绍，如果农民为公共用地工作（工作不是义务，而是协商安排的结果，成员可以不参加），一天的基本报酬是 100 比索（大约 14 元人民币）。如果完成的任务多，也可以多拿。这样的收入每周发放一次，笔者在时正好赶上周六他们发放一周的工资。大约有一半多家庭有成员参加了劳动，其中不少的收入是 500 比索左右，多的有 1 000 多比索。当然，这些不是农民收入的全部。他们还可以通过种自己的地得到收入，我看到当地还有不少农民都购置了三轮摩托车，闲时到附近城里送客。但估计收入也不高，我接触的一个农民告诉我，他一般只周一去，因为那天客人多。

笔者所借住的那个社区邻近省际公路，一条铺着碎石子的土路从省际公路上分叉，路的两边就排列着村民的房屋。许多

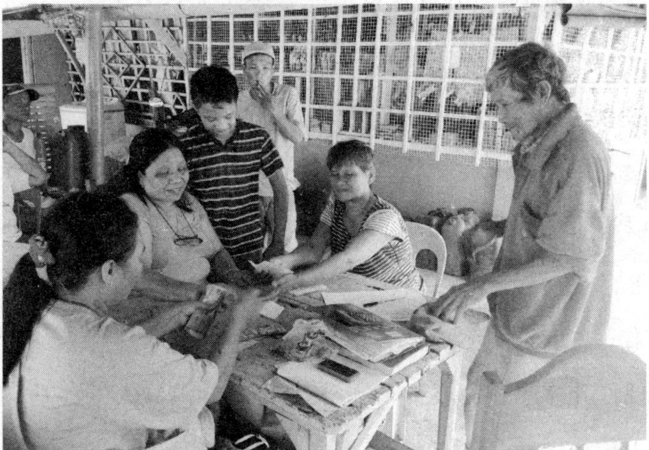

农民协会在给农民发放劳务报酬

农民住的房子仍然是以竹片编成的墙、以当地称之为 Nipa 的一种植物叶子编成屋顶。里面非常简陋，除了电视之外，一般没有什么现代的生活用品。电视和 VCD 可能是快乐的菲律宾人所必备的，即使是从非常简陋的屋子里，你也可能听到飘出来的音乐声。笔者所住的那户人家算是当地境况最好的，其房子是木板建的，以铁皮为屋顶，家里有冰箱、电扇、电视，但没有空调。事实上，由于菲律宾电费贵，这户人家的主人告诉我，她家一个月的电费支出就要八九百比索。从其用电量和消费水平来计算，确实算不低的支出。笔者临走前，拿出 1 000 比索给当地家庭作伙食支出。女主人连连说：太多了，太多了！事实上，我在出发前也咨询过那家非政府组织的负责人，他说可以拿 200 至 300 比索给所住的农家作为生活支出。以当地收入水平来说，1 000 比索可能是令主人意外了。

二、农民为什么依然贫穷？

以笔者的感受，当地农民之所以收入不高，原因不外乎以下两个：

第一，农业收入有限，土地潜力远没有发挥出来。当地农业的现代化水平仍很低，除了很少一部分机械之外，基本上仍然采用传统的牲畜犁地、人工种收的耕作方式。笔者还曾下田插了一回秧，重温了一下当年生长在农村的记忆。依笔者的经验，相较于中国农村的水稻秧苗来看，这里的偏细偏黄，不知是不是种子的缘故。另外，由于当地农民原来很少种水稻，相关知识、经验缺乏也是一个不足。前面提及的那家非政府组织一直在为农民提供这方面的培训，并且以小母牛计划的形式，为农民提供耕牛支持（即送母牛给农家使用，生下小牛后又将母牛转送至另一家）。但在笔者看来，最重要的可能还是水利设施严重缺乏。菲律宾地处热带，一到雨季，基本上每天都有雨下，水量并不匮乏。加之当地社区紧邻一条河流，农业用水应不成问题。但是，当地水利设施基本上是零，用来引水的沟渠很少，更加没有可以从河流抽水的机械，田地间也没有像中国南方农村那样遍布各处的水塘以作储水之用。这样，本可一

在地里放牛的小女孩

年产三季的水稻现在往往只收种一季，收益水平也就可想而知。

第二，缺乏转移农业劳动力的机会。在现代社会，即使农业收入提高，与其他行业相比，其收益仍然是十分有限的。那家协会的负责人告诉我们，他们种植甘蔗的每年纯收入是每公顷 20 000—30 000 比索，折合成人民币大约 4 000 多块。以每家 2 公顷来计，每户人家的年纯收入不会超过 60 000 比索。考虑到菲律宾的人口增长速度很快，家庭人口多，一般都有 3 个以上小孩（笔者在当地碰到的最高纪录是一个小女孩告诉我的，她说她家有 9 个小孩），人均耕地面积只会越来越少，农村劳力势必过剩，农村将无法仅仅依靠土地摆脱贫穷。事实上，许多农村人特别是青年人也开始向往城市的生活，希望到城市谋得一份工作。但在当地，除了一些传统的制糖业之外，很少有工厂能够大批量地提供工作岗位，青年人进城也只能从事一些服务业工作。而且，教育水平也限制了青年人在城市谋求更好的生活。由于高等教育收费不低，那家农协的主席告诉我当地高中毕业进入大学学习的比例只有 5%。但高中收费便宜，每年只有 450 比索，所以高中教育倒是相当普及。

所以，在从农户家考察回来与那家非政府组织以及同行的鲁道夫交流时，他们更多地强调农民要拥有土地、要给他们知识与经验等，但我则更多地强调要提供更多的水利设施以及转移就业的机会。而后者恰恰是菲律宾的软肋，因为它们更多地需要政府的积极介入，而不是非政府组织、农民协会以及农民自身的力量。作为很小的经营与自治单位，农民协会的力量通常很小，如笔者访问的那家，其唯一的公共财产是一台破旧的卡车和两间用来做训练中心和开会之用的公共用房。水利设施投入大，牵涉规模广，至少要在一定区域内做整体的规划，没有政府的作用没法完成。但菲律宾与中国不一样，当地政府在农村经济中发挥的作用很小。保证农民获得基本土地这一任务都不能完成就不说了，平时也很少在农村经济社会中发挥作用，而作用更积极的是农民自己组织的协会与非政府组织。那家农协的人告诉我，平时巴朗盖（菲律宾的基层政权）的官员都很少到农村社区来，至于水利设施，他们希望明年大选年官员们为得到农民的选票会投入一些，但也只是希望而已，选举承诺不兑现是常有的事。

或许，中国农村的强政府模式与菲律宾农村的自治模式应该结合起来。没有农村的自主自治，强政府主导也会产生很多问题。而没有强政府的适当介入，自治得再好，也无法提供有助于农村长远发展的水利、劳力转移等基础性设施与环境。当前中国的农村是发展太快，在快的过程中产生了很多的问题，如征地拆迁导致的矛盾、农村的空心化等。而菲律宾农村的问题是发展太慢，完全靠农民的自治，缺乏相关组织与投入，很难克服一些自然的困难与获得现代生产条件下可以产生的收益。因此，中菲应该就乡村建设开展一些经验交流，相互借长补短，对双方或许都有好处。农业技术方面，两国也可以开展很多合作。20 世纪末，中国开始向菲律宾推广杂交稻，2002 年援建了中菲农业技术中心。杜特尔特总统上任后，中菲关系保持基本稳定，双方都在为如何构建一个持续稳定的双边关系而努力。或许，在农业方面的合作可以成为一个持久深耕的切入点。

当笔者结束在那户农家的暂住时，热情的主人一定要用三轮摩托车将我送回在城里的住处。当从田野边飞驰而过时，竟然也心生一丝留恋之情。农村是美好的，农民是淳朴的，中国如此，菲律宾也是如此。但如何探索出一条更好的持久发展道路，就像中菲关系现状一样，仍然任重而道远。

民族主义观察*

对仍处于现代化进程中的东亚国家来讲，主权争端仍然属于“拿得起、放不下”的议题。加上东亚整体上仍处于现代国家的建构与完善过程之中，民族主义情绪整体上均较浓厚。但即使如此，由于国家特性、民族个性各不相同，各国民众对同一争端的反应可能并不一样，而背后折射出的，就是不同的民族主义。

一、菲律宾人的中国观

如果你同普通菲律宾人谈起南海问题，他们多半会直接或间接地向你表达对中国政策的不满。菲律宾民意调查机构“社会气象站”曾于2015年第二季度发布抽样调查结果（当时正值南海仲裁案热烈发酵之时），菲律宾人对中国的净信任度（即信任度减去不信任度）为−45%。与之相比，美国是+64%。但是，真到了去中国大使馆游行的时候，每次也

---

* 注：本文最初发表于《环球时报》，2015年9月7日，收入本书时有修改、补充。

不过数百人的规模。在中国民众眼里，2014 年越南的暴力反华游行使人震惊。相比之下，菲律宾人的反应倒相对温和。南海争端，对菲律宾人到底意味着什么？

根据菲律宾大学巴维尔娅教授和巴通巴卡教授的归纳，“卡拉延群岛”（菲律宾对我国南沙群岛的称呼）的重要性主要体现在：（1）是菲律宾领土完整与安全的关键，如“Ligaw岛”（菲律宾对我国太平岛的称呼）“二战”时曾被日本用于侵略菲律宾；（2）具有丰富的渔业资源，是重要的渔群繁殖地，对菲律宾的食品安全十分重要；（3）能源安全；（4）航行自由。但从老百姓的角度看，可能最直观的还是渔业资源以及相应的渔民生计。鱼是菲律宾饮食中的重要组成部分，渔业资源更与菲律宾民众生活密切相关，菲律宾政府也十分重视。而且，与油气纠纷相比，渔业方面的纠纷更加多发，容易成为菲律宾媒体报道的热点。媒体报道往往是情绪性的，如果是菲律宾执法船只阻挠甚至是查扣、抓捕我国在争议海域捕鱼的渔民，就会突出中国渔民“非法”捕鱼的一面；如果是我国执法船只制止菲律宾渔民在我南海海域非法捕鱼，就会渲染菲律宾渔民被“驱逐”，失去生计等。这些失之偏颇的报道，因此成为中国负面形象的一个重要来源。

南海争端涉及长久的历史背景，深奥又不乏含糊的国际法概念，以及错综复杂的地缘政治现实。即使是专家，要全部、准确弄清其中的来龙去脉与是非曲直都不容易，遑论普通老百姓。而且，菲律宾民族虽教育普及程度高（主要是普及高中教育，但在2015年之前，中学教育只有4年而不是像中国6年，这可能也会在某种程度上损害教育质量。从2015年开始，菲律宾中学教育开始改成6年），但普通老百姓有关南海争端的信息都来自当地媒体的信息"过滤"。在菲律宾媒体对南海争端的报道中，有几个"重点"是往往要强调的：争议岛礁在菲律宾经济专属内，离菲律宾本土或巴拉望群岛仅仅多少海里，以及中国对几乎整个南海的主张权利，等等。菲律宾人看后，自然就会产生中国正在"欺凌"菲律宾的印象，以及一些直观的问题：这些岛屿离菲律宾那么近，中国那么远为什么要来"抢占"？既然中国说自己有理，为什么不去国际仲裁庭打官司？南海争

2015年的《菲律宾星报》，头版头条经常是批评中国的报道

端背后的种种复杂历史与现实经纬，菲律宾媒体不会去仔细报道，即使报道了，可能普通菲律宾人也很难理解与接受。

另外，菲律宾又是一个民族自豪感很强的国家。虽然菲律宾群岛自古以来并非一个统一的国家，而且长期处于西班牙和美国的殖民统治下，甚至包括菲律宾现在的主流宗教——天主教都是西班牙人留下的，美国人留下的英语是与菲律宾语并列的官方语言（菲律宾语的拼写系统也是经过西方改造的）。但是，反抗殖民统治的过程塑造了菲律宾人的民族自豪感与认同感。19 世纪末的民族英雄黎刹被尊为国父，不但马尼拉有黎刹公园（相当于中国的天安门广场，里面有不少为争取独立而牺牲的民族英雄半身像），而且到处都有以黎刹命名的街道，以其他民族英雄命名的街道也十分常见。在菲律宾，书店并不多见，里面有关历史政治类的书籍也并不多，但其中必定有几本黎刹所著或与黎刹相关的。笔者在菲律宾参加了一些学术活动（非官方活动），不少会议的第一项程序是演奏菲律宾国歌，而且不少菲律宾人会一起吟唱。到处分布的博物馆也体现了菲律宾人的民族自豪感。不但在马尼拉你可以看到各种各样公立的、私立的博物馆，即使是外省的小城市，你也都可能发现当地博物馆的存在。作为一个历史文化并不悠久，而且是并不富裕的发展中国家，这方面的重视与投入令人印象深刻。从那些反映菲律宾历史、文化与传统生活的展品中，你不难发现菲律宾人那种自豪的民族情怀。

冷战结束以前，菲律宾人的这种民族主义更多的是针对美国。如果你去位于大马尼拉马卡蒂市的阿亚拉博物馆，你会发现里面有许多介绍美菲战争（1896—1902）的场景，其中诉说着最终沦为美国殖民地的愤恨。所以，尽管美国在菲律宾留下了美式政治制度、教育体系以及英语等殖民遗产，但许多菲律宾学者都强调菲律宾人对美国是一种爱恨交加的情绪。一方面，菲律宾人喜欢美国的民主，上流社会更习惯于说英语而不是菲律宾语。另一方面，独立后美国对菲律宾仍设法加以控制，特别是对马科斯独裁政权的支持，成为不少菲律宾人不满美国的重要原因。在冷战刚刚结束时，也正是菲律宾人的民族主义逼走了美军基地。根据当前宪法，如新设外国军事基地必须得国会批准而且经全民投票通过。美军基地的消失使得对美民族主义趋于减弱，而 1994 年美济礁事件以及后面不时的发酵则使得对中国的民族主义上升。2012 年的黄岩岛争端以及菲律宾媒体对中国岛礁建设的不断渲染，进一步使得菲律宾人的对华民族主义在 2012—2016 年期间达到新的高潮，而对中国的不信任度也如前述降到历史低点。杜特尔特上台后，中菲合作成为主流，菲律宾人对华态度亦有很大改变。2019 年 3 月我访菲时，据中国驻菲大使馆经商处金远参赞的介绍，目前菲律宾人净对华信任度已为正值，虽然相比美国仍有很大差距，但较前已有重大改变。这也说明，菲律宾人的民族主义带有较大的情绪性，与特定事件的相关性比较大。

二、温和的民族主义

即使在对中国严重不满时，菲律宾人的民族主义也不同于越南人在 2014 年反华示威中爆发出来的民族主义。首先，它总体上是一种温和型民族主义。尽管不少人仍对华有负面情绪，甚至认为中国在南海问题上“欺凌”菲律宾，但多数人都不想与中国发生冲突。恰恰相反，根据“社会气象站”的调查，这几年约有近半数人十分担心与中国发生冲突。而杜特尔特总统在对国内解释为什么要搁置南海仲裁裁决时，其中一个理由就是不能与强大的中国发生冲突，与中国开战将导致对菲律宾士兵的“屠杀”，中国的导弹“几分钟内”就可以打到马尼拉。这样的言论，可能在一些国家会被批评为“失败主义”，至少不会成为政治领导人的加分原因，但菲律宾人能够接受这一解释，最主要的原因还是其历史文化所形成的民族性。除了进行了反殖民斗争以外，菲律宾人从没有与外敌进行过战争。菲律宾传统文化中有一点与道家思想类似，即主张以柔克刚。当地有许多相关谚语，例如其中一句是“以刀为生者，将死于刀下”。另外，菲律宾宪法第一条第二款也明确宣布，放弃战争作为国家政策的工具。

从实力上看，菲律宾也不具备动武的基础。由于冷战时期依赖美国的保护，菲律宾的军队历来就是东南亚国家中军备最差的国家之一，而且将有限的军事力量主要用于镇压内部叛

菲律宾军事学院的学员在操练

乱。但即使如此，困扰菲律宾多年的新人民军、摩伊解问题多年来一直都解决不了。在这种情况下，菲律宾军队即使想对外作战也是心有余而力不足。20世纪90年代后，由于与中国的争端开始恶化，菲律宾开始推进军队现代化计划。但由于后来金融危机的影响、军队腐败以及阿罗约时期中菲关系趋于好转，现代化计划始终未能顺利完成。阿基诺政府曾试图重新推进，军费预算大幅增加，购买了不少新武器，但要成为一支在地区有影响力的军队为时尚远。根据当时的一篇媒体报道，2016年菲律宾国防预算为5.52亿美元，在这种情况下，那种动辄叫嚣动武的民族主义是找不到实力基础的。

所以，菲律宾人的民族主义更多的是通过非武力的方式反映出来。例如，南海仲裁案时菲律宾力主提交国际仲裁就是一个典型表现。从中国的角度看，不参加仲裁有着充分的道理，因为和平谈判与国际仲裁都是和平解决南海争端的方式，相互并没有高下之分，而且中国早已于2006年做出保留声明，排除了《联合国海洋法》对于解决主权争端的适用。另外，法律手段确实也无法解决复杂的历史背景与地缘政治争端，反而可能使这些争端进一步复杂化。但在菲律宾人看来，这是最符合他们利益与偏好的方式。所以，尽管一方面担心与中国的冲突，另一方面多数人又对当时阿基诺处理对华政策表示支持。根据当时的一份民意调查，阿基诺政府时期菲律宾民众对政府外交的净满意度一直在30%—50%，远高于以前几届政府。笔者也问过一个研究菲律宾外交与国际关系理论的菲律宾学者：如果按照国际关系理论中的现实主义、自由主义和建构主义分类，大部分菲律宾学者是什么类型？他的回答是制度主义者。

但也不能说菲律宾外交中没有现实主义的成分。事实上，在南海争端中极力寻求美国的帮助就是典型的现实主义手法。尽管根据宪法规定无法重开美国军事基地，但1999年菲律宾参议院通过了《访问部队协议》，使得美军可以通过轮换的方式来到菲律宾。另外，2014年又与美国签署《增进防卫合作协议》，据此美国军方不但可以在更大程度上使用菲律宾领土上的军事基地，还将对菲律宾军事现代化提供帮助，加强对其在对外防御、海上安全、人道主义援助和救灾等方面的帮助。但与新加坡、泰国等相比，菲律宾这种对美国“一边倒”的举动更多地反映了菲律宾在地缘政治上的不成熟，因为美国的介入在很大程度上引起了中国更大的戒心，而菲律宾则不可避免地被裹胁到两强对峙之中，南海争端因此被打上大国竞争的烙印，菲律宾甚至成为大国对抗的“人质”，这对菲律宾是不利的。当前菲律宾人对美国的信任度很高，但多数菲律宾人没有或不愿意正视的一个事实是：美国的承诺靠不住。即使双方签订了《相互防御条约》，但正如笔者 2015 年所访谈的一位菲裔美国教授所说的，这不是一个自动反应条款。他强调，南海争端发生在中国的后院，美国人为菲律宾而战的可能性是零。这位教授生活在美国已有四十余年，但多数菲律宾人没有这样清醒的认识。

当时，这位教授的主张是，希望菲律宾能够与其他国家联合起来，在经济上对中国进行抵制。类似主张在海内外菲律宾人中有一定影响。作为世界上第三移民大国，目前有超过 1 000 万的菲律宾人生活在海外，这种网络以及思想观念也是“美国菲侨良政协会”“西菲律宾海联盟”等非政府组织在当时发动对华抗议、示威的基础。但是，这样的行为要取得效果就需要高度强烈的民族主义与国际范围内对菲律宾的一致支持，但第一个前提不存在，后者更是不可能。这也就决定了相关运动只能掀起一些声浪而已，不可能成气候。现在，南海风波一过，相关运动也就烟消云散了。

三、心病还需要心药医

总体上看，总体温和但心存不满的民族主义构成了菲律宾对华政策的社会基础，也是困扰中菲关系未来发展的深层次原因。尽管当前中菲关系良好，但南海争端仍在。杜特尔特一旦任期届满，中菲关系又可能重新面临挑战。这是中国对菲关系所必须正视的，主要基于南海争端的菲律宾民族主义构成了发展中菲关系的持久障碍。另一方面，也要乐观地看到，基于菲律宾人民族主义的特性，要克服这种障碍并非不可能。

其一，菲律宾人是一个不记仇的民族，即使对历史上的西班牙和美国的殖民统治，现在的菲律宾人总体上还是强调这种

黎刹广场上的菲律宾国旗

历史留下的积极因素。甚至对于“二战”时日本的残酷占领，除了在博物馆里有所呈现之外，普通的菲律宾人也并不心怀芥蒂。相对而言，岛屿主权争端这样的问题对菲律宾人的伤害即使有，也算轻微。因此，从长时间维度来看，南海争端在若干年后并不会成为中菲关系中的主要问题。

其二，菲律宾是一个比较开放的社会，各种外部的经济、社会、文化力量都在里面发挥作用，包括中国的孔子学院也办得颇为成功。2015 年时听说已有三所，而且菲律宾大学还要开设孔子学院。2019 年 3 月笔者访菲，又听说达沃也要开设孔子学院。不像西方特别是美国对孔子学院极为警惕，菲律宾人对此是开放的。上述种种，都为促进中菲社会文化交流、消除彼此间的民族怨恨提供了渠道与可能。

中国所需要注意的是，菲律宾人不是一个经济民族，我们一贯强调的经济外交虽有效，但也有其限度，而且操作不当反而可能引起一些负面效果。要理解这一点，还是要从菲律宾人的民族性讲起。由于地处热带，物产丰富，菲律宾人自古以来并无冻馁之虞，从而养成了乐观以及不善治经济，事实上也不乐治经济的天性。所以，当前菲律宾商业领域多以华人为主。由此而来的后果是，菲律宾人对中国的经济蛋糕外交并不是特别感兴趣，特别是在当前菲律宾经济形势还不差而且存在日、美等替代的市场、援助来源的情况下，一些菲律宾人反倒警惕与中国发展经济交往，以免在主权争端中受到挟制。在阿基诺政府治下，菲律宾还曾企图削弱与中国的经济联系，转而向日本等国拓展市场，对中国发起的亚投行也曾态度转冷。当时菲律宾财政部长还不无得意地宣称，在十个东亚经济体中，菲律宾是受中国经济下行影响最小的国家。在杜特尔特出任总统后，大力推进与中国经济合作，但民间的反弹、批评声音也很大，一些顽固反华人士更是动辄指责“非法劳工”“债务陷阱”等，甚至导致一些合作项目时断时续。

另外，经贸外交的效果还受到如下因素影响。第一是菲律宾的经济产业结构。当前，虽然中菲经贸联系总体上在增加，但菲律宾经济的重点是外劳与服务外包产业，这方面中国影响有限。杜特尔特总统上台后试图推行“大建特建”计划，但在菲律宾政府权能有限、办事效率低的背景下，能够完成多少尚属未知，对菲律宾产业结构的改变也远不确定。第二是担心与中国的经贸合作特别是基础设施合作产生腐败丑闻。阿罗约时期，中菲之间曾经签订许多合作项目，但许多都因为涉及政府腐败丑闻而被中止或取消，许多人因此而迁罪中国，对与中国做生意而心生警惕。要知道，虽然腐败在菲律宾已成为一种根深蒂固甚至见怪不怪的政治文化。但同时，反腐也是一种永远的政治正确，特别是政治斗争中，反腐仍然是打击政敌最有利的武器。未来如果哪个菲律宾政治家想推进与中国的经贸合作，就不能在腐败问题上授人以柄。对此，中国驻菲大使馆采取了非常正确的态度，据经商处介绍，他们宁愿项目慢一点，但一定要合规合法，经得起考验。但菲律宾的官员、商人能够抑制住谋利的冲动吗？中国的投资者与合作者能否抵制一些当地伙伴的不法要求，或是控制自己可能也有的不良做法，尚不得而知。习近平主席曾在 2017 年第一届“一带一路”国际合作高峰论坛开幕式上讲，要让“一带一路”成为廉洁之路。至少在菲律宾，这条路仍任重道远。

总的来看，菲律宾对华关系中的民族主义是一种“心病”。心病还需心药医。面对未来，对菲外交的经济手段固然重要，也需要进一步加强，但更重要的是把握菲律宾民族的整体心态，大力开展“润物细无声”的公共外交，从社会层面与之更多地打交道，真正走到菲律宾老百姓的心坎里去。

女佣与外交*

对现代国家来说，保护其海外公民是其当然的职责。但是，许多政府往往面临这样的窘境：它要保护的海外公民不只是普通公民，还可能是被当地政府指控的罪犯。如何在责任与法律、个人权益与国家关系之间保持平衡，成为一个棘手的现实课题。2015 年 4 月底，菲律宾政府就再一次面临这样的挑战。

一、维罗索的故事

其故事主角是维罗索（Mary Jane Veloso）。事件发生时她刚好 30 岁，是两个孩子的母亲，与丈夫处于分居状态（受天主教严格教义影响，菲律宾不允许离婚。想离婚的人只能选择分居或是宣布婚姻无效，但后者十分严格且需要付出大量律师费用，对穷人来说不太现实）。以前曾作为女佣在沙特工作。由于几乎遭强暴，所以选择回国。但在经济压力下，又试图到国外工作。2010 年，她被指控入境印度尼西亚时携带毒品，结

---

* 注：本文最初发表于《东方早报》，2015 年 7 月 27 日，收入本书时有修改、补充。

果被判处死刑，由于当时印尼暂停执行死刑而免遭一死。2014年新的印尼总统佐科·维多多上台，为了表示严厉打击毒品犯罪的态度，开始恢复执行死刑，启动了对她和另外八名毒贩的死刑程序，行刑日期定在2015年4月28日。

但维罗索坚称其无辜。根据其供述，她当时是为了找工作，被一个名叫塞吉奥（Maria Cristina Sergio）的邻居非法征募骗到马来西亚。到马来西亚没几天，该同乡又骗她一起同赴印尼会一个朋友，并承诺一回来就给她工作。但临时塞吉奥自己又找借口不去，让维罗索只身前往。行前她与同伴给了维罗索一个新买的箱子，结果在入境印尼时被检出里有2.6千克海洛因。

维罗索的遭遇被报道后，在菲律宾国内引起极大同情。2015年3月，为使维罗索免于一死，菲律宾政府和维罗索的律师曾就此案首次提出上诉，但遭印尼最高法院驳回。为拖延行刑日期并挽救维罗索的性命，菲律宾政府与维罗索的律师4月24日第二次就维罗索案判决提出上诉，向法院强调维罗索并非贩毒者，而是人口贩运犯罪活动的受害者，请求法院对案件进行复审。

除了法律层面以外，菲律宾也与印尼进行各种层面的外交交涉。除了外交部，副总统、总统甚至亲自出马。4月23日，时任副总统比纳（Binay，他同时也是总统在海外劳工事务方面的顾问）利用在印尼出席万隆会议纪念峰会的机会向印尼副总统求情，总统阿基诺三世也数度写信给印尼总统佐科，请求印尼对维罗索网开一面。4 月 27 日，东盟峰会在马来西亚召开，阿基诺三世借与印尼总统佐科会面之机，强调维罗索“明显是因被人欺骗而在不知情的情况下成为非法毒品的运送者”，再次请求停止执行死刑。

在菲律宾人社会，老百姓普遍相信维罗索的无辜，加上其引人同情的身世，民间也开始了强烈的请愿、祈祷活动，网上的签名活动在短时间内搜集了大约 172 000 个在线签名。笔者访学所在的菲律宾大学，学生们在校园中心椭圆大道上的树干上都拴上印有维罗索头像的海报，上面有呼吁“拯救维罗索生命”的口号。随着行刑日期日益临近，学生还举行了烛光请愿

菲律宾大学校园内要求停止处决维罗索的请愿活动

活动。一些市民团体干脆在印尼使馆前安营扎寨，一边抗议印尼的决定，一边为维罗索祈祷。

但是，印尼方面始终态度强硬。27 日晚间，菲律宾外交部发言人何塞宣布，菲律宾驻印尼大使馆已证实印尼当地法院已驳回菲律宾政府最新提出的上诉。东盟峰会期间，当阿基诺三世与佐科交谈、亲自请求印尼当局能从人道主义方面考虑维罗索案件时，印尼总统佐科仅仅表现出了“同情”，并答应会就此案相关法律问题询问印尼总检察长。

就在菲律宾人以为营救无望的时候，转机却突然来临。28 日早上，被维罗索指控的非法募工者终于现身菲律宾 Nueva Ecija 省警察局投案。菲律宾马上将这一情况与印尼交涉，希望把维罗索作为指控的证人，不要执行其死刑。在接到菲律宾的请求后，印尼总统佐科紧急召开内阁会议讨论，最终决定中止执行对维罗索的死刑，将她在最后一刻从死神身边拉了回来。菲律宾得到这一消息是 29 日凌晨，在印尼使馆外度过了一个不眠之夜的民众刹那间一片欢腾。对于这最后一分钟的转机，菲律宾人普遍视为“奇迹”。

二、海外劳工的重要性

目前，维罗索仍被关押在印尼监狱，相关案件仍在进行之中，她的死刑只是中止还非取消。其未来命运如何，还有待于菲律宾与印尼之间一系列法律、外交方面的交涉、合作与博弈。但2015年那几天的跌宕起伏，也让作为旁观者的我思考良多。

在我印象中，菲律宾人卷入贩毒案件不少，菲律宾政府出面为自己涉嫌犯罪的海外公民求情也非首次。在我印象中，阿基诺三世时期有关中国的案例就有三次，都是入境的菲律宾人被发现携带毒品。面对中国法律的严厉判决，当时也是菲律宾副总统亲自出面求情，强调菲籍毒贩“都是国际贩毒集团的牺牲品”。副总统在菲律宾属于“备胎”，除非总统授权，并无法定职权。但比奈作为时任总统的海外菲律宾劳工事务顾问，总是在这方面“冲锋陷阵”。贩毒在中国属于严重犯罪，中国第一次允许比奈访华呈情，但也只是将刑期推迟。第二三次赶上中菲关系恶化，中国拒绝了比奈的访问请求。

像菲律宾这样极力营救海外犯罪公民的国家，在世界上并不是孤例，英国、法国和澳大利亚政府都曾有此举。在2015年的维罗索事件中，其他八名毒贩被按时处死，其中包括两名澳大利亚人、四名尼日利亚人、一名巴西人和一名印尼人，澳大利亚和巴西政府也曾出面向印尼政府求情。但像菲律宾这样多次为海外犯罪公民出面，而且是高级别层次的出面，加上政府、民间一起动员，可能还是十分少见。

其中原因，可能不外乎两个。

一是海外劳工对菲律宾经济的重要性。由于菲律宾人会英语，国际流动性很高。虽然其国内人口刚过一亿，但其中在海外工作的菲律宾人（Overseas Filipino Workers）就大约有一千万，已成为仅居中国、印度之后的侨民大国。根据菲律宾海外雇佣管理局的数据，在2013年新增或重新雇佣的就已超过180万，2014年达到232万。每年汇回国内的款项成为支持菲律宾经济的重要因素，其金额一般超过200亿美元，占到菲律宾国内生产总值的8%。在菲律宾，海外劳工被视为当代英雄，菲律宾外交部网站公布的外交使命中，有一项就是保护海外菲劳的利益。杜特尔特时期，海外菲劳也是一个重要议题。2018年，多名在科威特打工的菲佣被虐待致死，杜特尔特表示“绝不能再容忍”此类事件发生，下令“全面禁止”菲劳前往科威特，上万名菲劳搭乘政府提供的免费包机回国。为了发展国内经济，杜特尔特还曾屡次请求中国开放菲劳市场。后来，中菲达成共识，允许菲律宾护工和英语教师前往中国工作。

二是海外劳工在菲律宾政治中的重要性。菲律宾是一个选举政治色彩浓厚的民主国家，选票在政坛中至关重要。海外菲律宾人数量众多，加上其亲戚数量更是庞大（笔者碰到过的许多家庭，都有人在国外务工），是任何菲律宾政客都不能忽视的选票来源。维罗索事件出现之时，正值阿基诺三世支持率有所下降之时。2015年初，44名菲律宾特警在南部执行任务中遇袭身亡，阿基诺三世被认为对此事处理失当，在民众中的净支持率（支持率减去不支持率）虽仍为正数，但已大幅下降。

在维罗索事件中，一些人特别是左派人士批评阿基诺早就应该行动，包括维罗索的母亲也出来批评，说她早已向政府求助，但得到的只是空头承诺。在这样的政治与舆论压力下，当时的阿基诺三世政府自然要卖力相救。

根据当时菲律宾总统府公布的数据，还有多达 88 名菲律宾人在海外遭受死刑判决，其中在马来西亚 34 人，在沙特 28 人，在中国 21 人。这些人情况各不相同，未必都是像维罗索这样的“受害者”，将不得不因为自己违反所在国法律而承受严厉制裁。对菲律宾来说，事后的外交与法律施救固然重要，但最根本的途径还是要加强教育、提醒与对海外劳工的事前介入与管理，避免他们主动或被动地卷入这样的犯罪活动，也避免与相关国家间的关系因此而遭受波折。

三、菲律宾的经验与教训

当前到海外旅游或务工的中国人越来越多，卷入当地刑事案件的可能性与概率自然也相应增大，从而对中国外交构成新的挑战。一方面，当地法律应该予以尊重，营救国人也不能破坏他国主权与法律；另一方面，作为公民与同胞，海外公民（即使他是罪犯或犯罪嫌疑人）的合法权益应该得到祖国的关注与保护。考虑到这一点，维罗索案件就特别值得中国关注。不管当时阿基诺三世政府是不是政治作秀，从客观角度看来，其营救过程中菲律宾的一些做法还是值得借鉴。

一是坚持运用法律手段，这点对最后的成功至关重要。在死刑程序启动后，菲律宾政府为维罗索雇佣的律师利用印尼司法体制所允许的最后手段提出申诉，要求对案件重新评估，其理由是她在审理过程中没有得到有效的翻译。笔者当时访学所在的亚洲中心的艾维（Ivy）女士介绍说，此事在印尼也有先例，曾有一名毒贩因翻译问题而被最高法院将死刑改判为终生监禁。在非法征募人投案后，菲律宾方面提出的将维罗索作为指控国际贩毒集团的证人，则为印尼中止死刑提供了法律上的理由。维罗索2015年死刑中止之后，之所以到现在还没有执行，主要原因就是这一国际贩毒集团案尚没有终结。

二是高层次的外交交涉，也是对方不得不考虑的重要因素。不但总统、副总统这样最高级别的政治领导人频频去信、见面，直接向印尼方面陈述要求，菲律宾还巧妙地利用了东盟这一外交舞台。根据菲律宾亚洲中心助理教授西维拉（Henelito A. Sevilla）当时的看法，此案最后结果是“神的干预”与阿基诺政府运用东盟外交战略的共同结果，是东盟共同体的胜利。印尼作为东盟领导国家，于外交层面确实不得不考虑维护整个东盟团结的需要。如果维罗索被处死，她将是20年来第一个在东南亚国家被处死的菲律宾人。20年前的1995年，菲律宾女佣弗洛尔·孔特姆普拉西翁因谋杀罪在新加坡被处决，曾在菲新两国之间引起轩然大波，导致两国分别召回大使。印尼总统佐科在处理维罗索案的时候，未必没有想起这一桩往事。

三是理性的民间诉求。菲律宾民众表述诉求主要是通过签名、祈祷等和平行动，虽然有在印尼使馆外的抗议，但并无过激行为。他们的诉求也集中在“维罗索是受害者”“中止死刑”等方面，这样既保持了压力，又看起来不致过分，有利于赢得更多的同情。

四是国际支持。菲律宾利用国际范围内支持废除死刑的声音，赢得了许多国际知名人士对维罗索案的支持，其中有联合国秘书长潘基文、印尼裔法国歌手 Anggun、诺贝尔和平奖获得者 Jose Ramos-Horta 等。在 27 日的东盟峰会上，来自东盟青年论坛的代表也向印尼总统佐科递交了呼吁信，要求免维罗索一死。

维罗索的案件表明，一件刑事案件这样的小事成为外交中的大事，既有菲律宾的特色，也反映了一种普遍现象，即国际关系中人的因素。国家间关系不只是抽象的政治、安全和经济，还关系到活生生的个人。如果处理得好，就可能使得双边关系更上层楼，甚至披上一层温情的面纱。如果处理不好，就可能使双边关系倒退，加剧彼此国家甚至人民间的恶感。例如，就在 2015 年维罗索案的同时，由于印尼拒绝了巴西和澳大利亚政府为本国毒贩的求情，两国都表示遗憾，后者甚至召回了大使。在澳大利亚的媒体上，甚至有人发起“抵制巴厘岛”运动，呼吁不购买印尼产品，不去那儿旅游。

菲律宾自己也有这方面的教训。在 2010 年 8 月导致 8 名中国香港游客死亡的人质危机中，由于阿基诺政府处理不力，事后应对不佳，甚至长时间内拒绝道歉，导致与中国香港关系恶化，多国亦发布对菲旅行警告。菲律宾的形象遭受严重损失。

至于中国，就此维罗索案件告一段落之后不久，也迎来了自己的考验。2015 年 7 月 22 日，缅方对 155 名中方非法越境伐木人员判处 10 年以上有期徒刑。根据缅甸媒体的报道，当地法官称，对这些中国伐木工判处重刑就是树立一个例子，让那些胆敢非法盗取缅甸自然资源的人明白他们将要承受的刑罚。以前中国伐木工赴缅伐木、走私木材的情况时常发生，缅甸政府为此也逮捕了一些中国伐木工，但并没有施以重刑，大多数中国伐木工在经过一段时间的关押之后，就被遣返回国。2015 年的重判，其背景是中缅关系因为缅北局势恶化而进一步敏感化。重判之后，据说中方展开了各层级交涉。2015 年 7 月 30 日，时任缅甸总统吴登盛宣布大赦，中国伐木工人和其他近 7 000 名缅甸囚犯一起被释放。

看来，如何平衡好法律与人情、公民与外交之间的关系，对菲律宾与中国都将是长期的挑战。

美菲关系为什么特殊?

众所周知，美国与菲律宾是盟友关系。在菲律宾国内，也有不少关于菲美特殊关系的讨论。但这种特殊究竟特在何处?基于共同的利益，还是文化?这些问题看似答案明显，但真要细究起来，反而可能不那么容易说清楚。文化上虽然菲律宾一如政治上效仿美国，但在本质上仍然是一个东方国家（特别是在政治与家庭文化方面）。说到共同利益，在南海争端上对付中国可能是两国的利益交集点，但一旦南海局势恶化，甚至冲突再起，美国可能毫发无伤，甚至可以乱中取利。这对菲律宾真的有利吗?

所以，美菲关系可能真不那么简单。

一、从大使馆到美军公墓

在笔者看来，美菲关系的特殊是一种现实。其特征难以说清，但其表现显而易见，在马尼拉看两个地方就知道了。一个是美国驻菲律宾大使馆。一次笔者从罗哈斯大道经过，在大道邻近黎刹公园一头、靠马尼拉湾一侧，有一片高墙围起来的庞

马尼拉湾旁边的美国驻菲大使馆

大区域，这就是美国驻菲律宾大使馆。其一面临街、两侧靠海，地理位置得天独厚。我心里想，如果有什么急事发生，美国人根本用不着菲律宾的什么海关、边检，直接就可以从海上跑出去或开进来。与之相比，日本大使馆虽然也在罗哈斯大道上，规模气势均不小，却只能隔着大道“望洋兴叹”。中国大使馆更小更远，使馆本部、经商处、领事处等只能分散在马卡蒂市几个地方。几个国家与菲律宾的关系，从使馆的分布就可以看出端倪。

二是“二战”美军公墓。在大马尼拉庞尼法秀全球城这一豪华商业区内，在一片高楼华厦的簇拥之下，有一大片开阔起伏的绿地。如果不是那成排成行的白色十字架，你根本就不会

位于庞尼法秀全球城的美军公墓

想到这里是全球最大的美军公墓，里面埋葬着16 636名“二战”中在西太平洋战场上死去的美军士兵，以及570名为美军服务的菲律宾人。这片墓地由菲律宾无偿永久提供，由美国战地遗址委员会管理。在公墓的中心高地上，高高地矗立着纪念神社，两边是牺牲者的姓名与反映战争过程的地图。菲律宾和美国的国旗在其中迎风飘扬，提醒着菲美两国在“二战”中“鲜血凝成的友谊”。

不能不提的是，“二战”时菲律宾尚是美国殖民地。但当日本战败、美国军队重新登陆菲岛时，菲律宾视美军为“解放者”，而不是卷土重来的“殖民者”。2015年是“二战”结束70周年，笔者当时参加了菲律宾大学举办的一次大型学术讨论会，主题就是“占领与解放”，占领的主体当然是日本人，而解放的主体则是美国军队。在马尼拉市内，有一座桥横跨帕西格河（Pasig River），桥名就叫麦克阿瑟桥，桥头竖着美军将领麦克阿瑟踏海而来的雕像，反映的就是“二战”时麦氏率美军重返菲律宾的情景。当前，尽管有一直反美的左派存在，但主流社会无疑有着浓厚的亲美情绪。根据菲律宾民意调查机构“社会气象站”的调查，对美的净满意度自20世纪90年代中期以来除了极少数年份，基本上都在40%以上，好多年份超过了60%，有几个年份接近80%，总体上都要高于日本、澳大利亚和中国等国家一大截。

谈到这里，不能不佩服美国对菲殖民统治的“效果”。从20世纪初到1946年菲律宾独立止，美国统治不到半个世纪的时期，却留下一个在独立后七十余年的时间里仍然十分亲美的国家，而且在其政治经济文化等各方面留下深刻的痕迹。看看西班牙吧，尽管曾经统治菲律宾三百多年，但除了国名（菲律宾这一名称来自西班牙国王菲利普二世，但现在杜特尔特政府甚至重拾马科斯时期的动议，提出要将国名改为菲律宾语中的“马哈利卡”，意为“贵族”或“自由人”）、天主教与教堂，以及一些仍为菲律宾人所使用的姓氏，可能就没有任何留下的东西了。

二、美国的殖民术

依笔者浅见，美国之所以殖民“有术”，主要是因为以下两个方面做得好：

第一，十分重视改造菲律宾的教育制度、语言，以及传播教育与语言背后的文化。

菲律宾本来就十分重视教育。为了反抗美国从西班牙手里“接管”菲律宾，菲律宾人曾建立自己的革命政府，并颁布《马洛洛斯宪法》，其中就规定实行免费和义务小学教育制度。美国建立殖民统治后，大量派遣美国教师来到菲律宾，并规定所有的公立学校必须使用英语教学并使用美国课本。据菲律宾

菲律宾大学校园

朋友讲，他们的祖辈在学校时必须使用英语，如果讲了菲律宾语，就必须得缴纳罚款。除了语言，美国在菲律宾创立了大量的学校，并移植美国的教育制度。笔者访学所在的菲律宾大学，就是于 1908 年由美国人创办的，其第一任校长是美国人默里·巴特利特博士（Murray Bartlett）。

值得一提的是，美国建立殖民统治后不久就开始推行菲律宾自治。1916 年，美国通过了《琼斯法案》（此时距美国正式确立在菲律宾的殖民统治不过 14 年），即《菲律宾自治法》，法案规定政府各部部长由菲律宾人担任，但唯有教育部长除外。1935 年，菲律宾自治政府成立，从各部部长到总统均为菲律宾人，政府中仅留下少数美国人。而这少量美国人中，也以教师为主。由此可见美国人对教育文化之重视，而且确实收到了持久深远的效果。老一辈受过教育的菲律宾人，英语都十分流利，菲律宾语反倒不行。独立后，菲律宾开始推行双语教育，但现在许多菲律宾精英可能还是更习惯讲英语。目前菲律宾的主要报纸都是英文报纸，公共场所的标志都是英语远多于菲律宾语。而英语背后所代表的文化与社会习俗，也很自然地进入菲律宾，成为菲美之间的持续纽带。

当前，尽管菲律宾十分重视菲律宾语的使用与教育，但要看到，随着海外劳工与全球呼叫中心在菲律宾经济中占有日益重要的地位，英语的重要性会在无形中得到进一步的提升。因为，对菲律宾人来说，一口流利的英语，特别是美式英语，可能意味着更多的收入与工作机会。反过来看，由于语言的便利，又进一步促进了美菲之间的联系，因为有许多菲律宾人借语言之便进入美国居住和工作，据各方面估计，其数量可能达四百万之众。这又是两国间的一条特殊纽带。

第二，通过输入美式的政治文化与制度，使得一代又一代的菲律宾精英成为美国模式的忠实追随者。

美国人殖民不久便强调让菲律宾人自治，并通过建立一种美式的菲律宾政治制度，逐步让菲律宾人运用美式的制度与思维去管理政治与社会。菲律宾的总统制、国会两会制、司法体制就基本上按照美国模式。现在有所不同的是，在经历马科斯独裁统治后，20 世纪 80 年代修订的宪法规定总统任期 6 年，不能连任（经历过独裁统治的韩国也有类似规定）。另外有所不同的是，菲律宾的总统、副总统是分开选的，一个选民

麦克阿瑟解放菲律宾纪念像

可以分别投票给这个党的总统候选人和那个党的副总统候选人。所以，就会经常出现总统与副总统分属不同党派的情况：如前任政府时期，总统是自由党的阿基诺，而副总统比奈则来自团结民族主义联盟；在现政府，总统是以民主人民力量党为基础的杜特尔特，而副总统则是来自自由党的林妮·罗布雷多。这一差异也成为菲律宾政治中不断扯皮、打架的根源。当前，杜特尔特总统的政策除了要受到国会的杯葛、媒体的批评外，往往还要承受来自副总统林妮的反对。而林妮就代表了那些政治上崇尚美国制度、外交上也更加亲近美国的势力，这实际上也反映了美国影响菲律宾政治的深层次因素。

当然，建立有形的制度易，改造无形的观念难。笔者的感受是，当前菲律宾的政治制度是美国式的，但政治文化可能仍然是东方式的或者是西班牙式的，腐败现象因此根深蒂固。但不管如何，通过美式制度的长期浸染，美国所宣传的民主、自由、分权等理念还是在菲律宾深深扎根。建国后不久的菲律宾就被当作亚洲民主的“橱窗”，其后虽然经历了马科斯时期的独裁统治，但最终重归民主，迄今已有三十余年。虽然军队在政治中的影响仍然存在，但民主制度已基本巩固，不太可能再退回到马科斯时代，这就使得共同政治制度这种意识形态纽带成为菲美间的一根重要纽带。虽然菲律宾人在对外关系中并不怎么强调“以意识形态划线”，缺乏大国雄心与国际使命的菲律宾人更不会像美国人一样，对一个遥远的国家是否奉行某种制度而耿耿于怀，但共同的“民主”“自由”信仰确实也促进了菲律宾人对美国有很高的认同，许多菲律宾人也为这种制度而深感骄傲。反过来看，美国对这种制度承诺的背离，如军管时期对马科斯的支持，也是造成部分菲律宾人至今仍对美国心存怨恨的原因。

总的来说，通过上述语言、文化、教育和政治纽带，菲美关系确实有着远不同于一般的深厚渊源，而美国也借此发挥着对菲律宾的深刻影响。许多关注菲律宾的中国人都怀疑，美国深深地卷入了菲律宾的政治与社会，操纵着菲律宾社会的信息流动，甚至菲律宾总统都必须要美国的“首肯”才有可能当选。依笔者之见，这样的论断未免过于极端。但毫无疑问的是，通过类似的政治制度、理念纽带和社会文化联系（如媒体、非政府组织），美国确实有着除了官方影响以外，能够广泛影响菲律宾社会的各种软性与间接的手段。一个例子是刚成立几年的 CNN 菲律宾频道，尽管其所有者是一家菲律宾公司，但其许多节目直接来自美国有线电视新闻网（CNN），其新闻理念也自不消说。在笔者看来，CNN 频道深入菲律宾，比美国大使成为马拉卡南宫的座上宾，更能说明美菲关系的特殊之处。

正是由于美国“殖民”有术，留下来的共同政治纽带十分坚固，尽管当前菲律宾总统杜特尔特对美国十分不感冒，甚至在 2016 年 10 月访问中国时宣布要与美国“分道扬镳”，但美菲同盟关系并未从根本上动摇。可见，在一对国家关系之间，政治、文化的联系有时候比利益纽带要更加重要。利益当然重要，但毕竟只是表层的，甚至是时常变化的。一旦共同利益不在，双边友好也可能烟消云散。而深层次的历史、制度、文化纽带却可以持久地发挥作用，并对利益纽带起着加强、对利益分歧起着缓冲的作用。这或许是值得正在大力推行经济外交、互利外交的中国反思与借鉴的地方。

人、国家与命运：中菲之间的简单比较

国家从来不是一个机械体，而是由活生生的无数人所组成的。什么样的人，就会有什么样的国家。而什么样的国家，也会反过来影响其国民。人与国家，两者是联为一体又相互塑造的命运共同体。通过对菲律宾的访学与访问，笔者对菲律宾人及其国家多少有一点认识。反观自身与本国，就会发现一些令人感兴趣的对比。中菲同为东方文化国家，故有不少相同之处。但由于菲律宾长期接受西班牙和美国殖民统治熏陶，接受了天主教文化，采用美式教育与英语作为官方语言，所以又与中国存在不少不同之处。

一、两个东方社会的差异

两个民族的第一个共同点是注重家庭，喜欢生养孩子。中国历来以多子为福，而菲律宾人则视孩子为神的礼物。但由于政治制度与宗教文化的不同，两国现在又走上了不同的道路。中国鉴于人口增长过快的问题，从 20 世纪 70 年代末开始实行计划生育。由于政府的强力推动，目前人口已基本得到控制，但人口的老龄化成为问题，因此开始酝酿并已逐步改变政策，以两胎政策取代了坚持多年的一胎政策。在菲律宾，由于教会反对控制生育，以及弱势政府施政能力有限，人口控制从来未能成功。目前，作为一个面积仅有约 30 万平方千米的国家，菲律宾人口已超过一亿，成为菲律宾未来发展的最大问题。所以，当前杜特尔特总统加大了推行国家计划生育的力度，其手段就是计划将为 1 130 万个妇女提供现代的避孕用具 / 药物。据总统发言人班尼洛的说法，该计划预期将在 2022 年把菲律宾的贫困率从现在的 22% 减少至 14%。但可以肯定的是，菲律宾的计划生育不可能达到以前中国那样的规模与力度，其控

贫穷但快乐的菲律宾农村小孩

制人口与减少贫困的效果也还有待观察。

两个民族在社会生活中都注重关系，而不那么重视规则。中国的关系文化深耕于亲属、宗族、同乡、师生等因自然因素或社会因素而形成的情感、利益或文化共同体，而菲律宾的关系则离不开庞大的家族。菲律宾对父系与母系亲戚同样重视，同时又因为天主教形成“教父”“教母”这一重庇护网络。在此基础上，两国文化都重视权力，这种奠基于关系文化基础上的权力成为腐败的渊薮。中国自古就有“升官发财”的俗语，“一人得道、鸡犬升天”成为道义上虽然批判但实际上仍然存在的社会心理与社会现象。记得小时在农村，常有村民议论某某在外做了干部，结果某某亲戚被照顾、被安排工作等。他们的语气之间，流露的不是谴责，而是对发迹者的肯定与攀附者的羡慕。在菲律宾，虽然实行了美式民主政治，但政治被视为最大的生意，一个政治家如要当选，往往要花费大量的金钱甚至贿选。因此上台后不但以政府职位酬报支持者，而且还通过受贿以收回“投资”。中菲不同的是，在文化上，菲律宾似乎对腐败更为宽容，像腐败的前独裁者马科斯的妻子、儿子后来都能回国参政。而中国在制度上对防止腐败还需要完善，这主要是没有解决好权力如何受监督的问题。但在文化上，尽管历朝历代的反腐效果不一样，但只要有大官被证实贪污，那一定是要被钉在历史与舆论的耻辱柱上的。

很多人都注意到，中国人与菲律宾人都有好客的名声。相对而言，中国待客的礼数较多，但多少显得有点繁而虚。在接待客人时，中国人更喜欢大吃大喝，以菜上得越多越好来表示对客人的尊重，但结果是造成很大的浪费。菲律宾更受西方文化特别是美国文化的影响，礼数相对较少，但更简而实。在待客的食物上，菲律宾不如中国复杂，也不会有中国那样复杂的人情往来。在聚会、婚礼等方面，菲律宾更像美国，如招待客人往往采用自助餐的形式，大家自由交流，而不像中国往往坐成一个圆桌，形成一个集中的“场面”，领导或辈分高的人在其中起着核心作用。

在政治与社会方面，中国人与菲律宾人传统上都倾向于服从权威。当然，由于长期的中央集权统治，中国人更加习惯权威统治，并且不少人推崇权威主义。这种世俗政权的强大可能是导致中国一直缺乏严格宗教信仰从而物质主义、实用主义比较突出的一个重要原因。而这种物质主义、实用主义又反过来塑造了中国的政治价值观，即更多从是否有利于经济发展、是否有利于保障民众生存与安全等实用角度评价一个政治体系。相反，由于近代美国制度在菲律宾的移植，加上菲律宾人更少物质主义，他们更加看重民主、自由这些精神价值，而不是民主制度本身的物质功效。所以，尽管现在菲律宾人对民主制度有诸多不满，但多数人都不愿意回到马科斯时代。相较其他东亚国家，特别是“四小龙”“四小虎”等，菲律宾的经济发展已经落后，但目前并没有因此出现对其民主制度的重大怀疑。

许多菲律宾人一边批评自己的政府和民主中的种种缺陷，一边在外国人面前毫不掩饰他们对自己美式民主、自由制度的自豪之情。

二、乐天知命的菲律宾人

两国人民还有一个重要区别是宗教信仰。中国也有佛教、道教等传统宗教，但除了提供基本的道德规范与习俗之外，这些宗教信仰更多的是与今世的物质层面而不是来世的精神层面挂钩。许多中国老百姓信佛教是为保今世平安，道教更是讲究养生之道。菲律宾人则多数信仰天主教，而且十分虔诚。一到周日教堂就人满为患，有人哪怕坐车经过教堂也要画十字。在这种浓厚的宗教氛围之下，菲律宾人体现出比中国人更高的社会道德水平，公共场所的排队无人组织也秩序井然，开车的司机一般也不会抢道。但天主教带给菲律宾人的一个负面结果可能是忽视现世变革，整个社会趋于保守。所以，正如前述的那样，尽管菲律宾政治生活中一直有左派存在，但从来没有发挥过主导作用。

宗教有时还直接介入菲律宾的政治生活，例如 1986 年推翻马科斯的人民力量运动，没有教会的号召就不可能成功。但负面影响也存在，例如菲律宾有一个名叫基督教会（菲律宾语 Iglesia ni Cristo，简称 INC，英文名 Church of Christ）的教派，

颇有影响力的 INC 教会

虽然教徒人数只有两百来万，但由于教徒在总统选举时都听从教会号召、统一投给某位候选人，从而成为左右菲律宾政治的关键少数，许多政客都要看这个教会的脸色行事。这样的后果是，现代政治中的政教分离实际上在菲律宾很不彻底，结果还出现如前所述教会对政府控制生育政策的干预问题。

即使是物质追求，中国人与菲律宾人也有不同。比如，中国人更喜欢节约，存小钱花大钱，最后把钱攒下来买地买房子。而菲律宾人则更喜欢日常消费，如餐饮、衣服等。其中文化上的原因，是热带的菲律宾人天生乐观主义，自古以来就不用担心冻死饿死。虽然富裕难求，但至少没有严寒，树上的香蕉也总是有的，所以饱肚也不难求。或许这一自然条件养就了菲律宾人的乐观精神。菲律宾民意调查机构“社会气象站”自2000年起每年底都进行关于是否对新年怀有希望的调查。首次调查时对此问题持肯定的比例为87%，2010年后一直保持在90%以上的水平，在2017年更是创下历史新高的96%。

或许正因为如此，菲律宾人从来不吝于花光手中的钱。尽管每年有大把的汇款从国外菲劳那里汇回国内，但其中极少被积攒起来用于投资，而是用于国内家庭的消费。看看菲律宾遍布各地的SM大商场吧，尽管菲律宾仍然是一个人均GDP不到3 000美元的发展中国家，但这些商场较之发达国家毫不逊色。乐于消费的另一个原因是许多菲律宾人似乎并不以穷为耻，所以他们能够开心地花光身上所有的比索。尽管在华文媒体上曾看到有父母不愿意让人看到因喂不饱孩子而把他们藏起来的报道，但笔者的感觉是，这里的人并不认为贫穷乃至乞讨是可耻的事。菲律宾大学周边有许多穷人家的小女孩，她们平时就在校园教堂旁玩耍，偶尔伸手向路人讨钱。许多穷人平时就在街头消遣，看到有车要停，便马上会上前引导（不管这样做是否必要，也不管车主是否提出了这样的要求），以换来车主的一点小费。

天性乐观，是一种很好的品质，但在菲律宾培育出的则是安于现状，而不是积极追求改变。相反，地理气候条件更加严酷的中国人必须应对各种自然灾害（水旱、地震、泥石流等）、社会条件（战争）等方面的挑战，因此长久以来就喜欢攒钱以备不时之需。许多中国人把发财致富当成重要的人生目标，从根本上看，对未来的不安全感也是其中的重要动因。正因为如此，中国人喜欢那种“实实在在”的财富，对于能够带来长久效用的房产、地产格外偏爱。两者带来的经济后果截然不同，其一是 GDP 构成中，菲律宾的消费更多，而中国的投资更多。其二是在消费品上，高烧不退的房地产业绑架了中国经济，耗费了太多资源与财富，但同时，基建、钢铁、水泥、家具、电器等行业也因此而兴起；菲律宾消费习惯的后果则是国内商场、餐饮连锁众多，但由于商场中许多产品可以进口，故对国内产业的带动也着实有限。

在生活哲学上，菲律宾人更加自然主义，讲究顺其自然、听天由命。这有点像中国道家的思想，事实上，在一本有关菲律宾哲学的书中，就大段引用了老子的言论。但中国不但有道家，更有作为主流思想的儒家，以及作为民间文化的佛教，因此中国人的生活哲学要更加进取，但也更加复杂。所以，你可以看到中国人不断进取，更加积极有为，但主要是在物质方面，即将成功简化为自己物质财富的不断丰富。相反，菲律宾人在满足了自己的基本生活需求之后，更乐于享受生活，不会再有更多的追求。许多菲律宾华人认为本土菲律宾人懒散，即此之故。另外，中国还由于崇尚人力，喜欢改造自然，那种假山、盆景的园林艺术可能就是一个例子，但其发展极致就是发展经济时不顾生态，结果造成环境污染这样的恶果。菲律宾则喜保持原生态，笔者去过的一些地方，如普洛格山国家公园，基本上保持原始风貌，而不是像中国那样开发成很多人工色彩的景区。另外，笔者 2015 年访学时所居住的菲大校园迪利曼校区，也少有人工绿化。当然，可能还加上资金缺少等原因，不少校区道路都显得有些破败。

这种乐天知命的民族性还导致了中菲两个民族在教育态度上的不同。两国其实都是很重视教育的，正如本书其他地方所提到的那样，菲律宾实行中小学义务教育，学校遍布各地，识字率很高。即使是条件差的农村，校舍也属相对较好的建筑。但同时，菲律宾人又是不爱读书、不喜深入思考的民族。2015 年，很受选民欢迎的一个总统候选人竟然提出了一旦当选就在中学课程中删除代数、微积分以及三角函数等，而代之以商业数学。之所以出现如此矛盾，我想或许就是其民族性限制了教育在菲律宾所应发挥的作用。重视教育似乎是菲律宾人的天性，但仅仅是当作一种基本任务、谋生工具去满足而已（菲律宾大学里最普遍的是护理、师范、会计等专业），而不喜欢通过学习去进行严肃的思考，去进行“形而上”层次的追求。

三、经济民族与非经济民族

综上种种就是，中国人的国民性形成了更大的经济推动力和更少的政治推动力。当中国人孜孜以求经济上的成功时，却

马尼拉市区的一处广告：努力工作，更努力地玩

习惯上对政治保持距离。即使是那些在菲律宾生活许久的华人，也习惯于去经商致富，而不是投身政治。相形之下，菲律宾人则基于国民性产生了更多的政治推动力，在当前菲律宾腐败横行的情形下，仍然存在充满活力与正义追求的公民社会，也与此有关。但是，很难说政治价值方面的考虑会在菲律宾生活中占据压倒性地位。感性思维、不虑长远、乐天知命等民族性在某种程度上也使人不禁怀疑菲律宾在建设高质量的民主社会方面能够走多远。

但有一点是肯定的，那就是菲律宾人不是一个经济民族，在政治、社会甚至个人生活中缺乏有效充分的经济推动力。这也反映在菲律宾人对政治人物的看法上，当普通菲律宾人选举总统时，他们可能首先是看其个性（特立独行甚至口带脏话的杜特尔特能够当选总统，可能就是一个最突出的例子），其次是看他是不是腐败，最后可能才是看其治国能力。如果菲律宾是一个经济已充分发达、人口稳定的国家，这种国民性不会成为问题。但目前菲律宾是一个人口不断膨胀的社会，而且尚未形成可以为这些不断增长中的人口提供足够资源的经济与产业结构，这时继续坚持这种国民性就有点危险了。特别关键的是，乐观的天性、迟缓的政治社会结构使得菲律宾可能很难对人口增长与经济结构调整做出有效反应。崇尚中国发展模式、推进“大建特建”计划的杜特尔特总统可能是迄今最有可能做出改变的总统，但其执政已近三年，也很难说做出了有效的改变。一旦其任期届满，其执政成果都有可能被推倒重来。

一个问题因此而来：如果不加改变，当不断增加的人口超越了其地缘资源环境、经济结构上的承受力，菲律宾人所自豪的美式民主与自由还能持续吗？

二

中菲关系思考录

祖与国：华人在菲律宾 *

菲律宾可能是海外华人的一个特殊之地。一方面，菲律宾被认为是华人与当地民族融合最好的国家之一。另一方面，中菲关系前几年由于南海争端而处于低谷，在菲华人多少受到些影响，也不免感到困扰。徘徊在先祖与国家之间，走过了政治认同与文化归属的挣扎之后，菲律宾华人是一种什么样的生存状态？面对两国关系带来的挑战，他们又如何抉择？

一、老华人与新华侨

作为世界上最大的移民群体，海外各国的华人都面临一个共同的问题，即如何融入当地主流社会。即使他们身为世界上人口最多民族中的一员，一旦走出祖先的大陆，就不得不面临成为少数民族的窘境（新加坡是唯一的例外）。而且，由于华人身上延续的是一种悠久且独特的文化传统，与母国有着根深蒂固的经济、社会联系，如何协调与主流社会的关系进而厘定

* 注：本文部分内容曾发表于《环球》，2015 年第 20 期，收入本书时有修改、补充。

自身身份，就成为一个突出的问题。

菲律宾在这方面被普遍视为一个较成功的例子。华人在菲律宾的历史至少可以追溯到公元10世纪，而且很早就与当地人之间通婚，以致现在约有四分之一到五分之一的菲律宾人（不同来源说法不一）多少都有些华人血统。中国人所熟知的前总统阿基诺夫人的曾祖父就来自中国。所以，那个为中国人所不喜欢的前任总统阿基诺三世，作为阿基诺夫人之子，也有一些华人血统，其2011年来华访问时还曾到福建寻根问祖。前总统阿罗约夫人、臭名昭著的独裁者马科斯、菲律宾国父黎刹，以及现任总统杜特尔特，在他们的先辈中都可以发现华人身影。笔者2015年访学所在的菲律宾大学亚洲中心，办公室里有位年轻的菲律宾人乔纳斯，一聊起来，他说他祖辈中也有一位是华人。

但这些人已经完全菲律宾化了，仅仅只是有些华人血统的混血儿而已。菲律宾人中混血儿相当常见，有的人尽管有着华人血统，但身上的当地人血统，或是西班牙人血统，或是美国人血统可能更多。因此，一般所指的菲律宾华人，是指至少有50%以上中国血统（即其父母中至少一方为纯中国血统），且在不同程度上保留华人的生活习惯、过中华节日的人。这样的华人，在菲律宾仅占1%—2%。在20世纪70年代中菲建交以前，多数华人都还保留中国国籍，因而成为台海两岸竞争的重要力量。中菲建交后，马科斯担心这些人的政治认同问题，加速推行菲化，放宽入籍政策，这些人多数选择加入菲律宾国籍，正式成为菲律宾公民。

华人融入菲律宾之所以取得基本成功，既得益于华人本身的努力适应，也离不开菲律宾社会较为开放、包容的一面。西班牙殖民时期，当时殖民地当局有过多次对华人的排挤甚至屠杀，但菲律宾独立后基本上没有大规模的暴力排华事件。20 世纪末，富裕华人比较受困扰的是绑架事件。由于华人中富人的比例远高于其他种族，菲律宾排名居前的富商多为华人，故很容易成为犯罪集团的目标。但这主要跟贫富有关，而无关种族。在中菲关系不好的背景下，一些菲律宾人担心华人的政治忠诚。但是，这只是体现在少数人的言论、心态上而已，并未

马尼拉的唐人街

变成现实社会中对华人的歧视与压制。华人致力于商业，在政治、外交上保持低调的传统，也有利于菲律宾主流社会树立对他们的信任。

除了已经归化的华人之外，还有仍然是中国人的华侨，即持中国护照但在菲律宾生长生活、成家立业的中国人。自马科斯推行菲化政策以后，华侨数量急剧减少。但自 20 世纪 80 年代中国实行改革开放以来，又有不少中国人借着原来在菲律宾的亲戚关系，来到菲律宾寻找商机或是继承先辈打拼下来的基业。他们有些人可能事业不顺或是其他原因最终回国，但更多的人还是选择留了下来。他们仍然是法律意义上的中国公民，拿中国护照，但也逐步融入原来的华人社区，在这里繁衍后代，殖产兴业，成为菲律宾华人社会的新兴力量，也是本文所说的广义华人的一部分。据长期研究在菲新移民的暨南大学副教授代帆的估计，这些新移民在 20 万左右。近些年菲律宾颁布了所谓的退休移民计划，只要年满 35 岁以上、在指定银行账户存入 2 万美元，就可以取得永久居留资格。这也便利了新侨群体的扩大。当然，也有一些人只是利用商务签证甚至旅游签证来到菲律宾，然后逾期居留，等到稳定了再想办法解决身份问题。但移民局经常会对华人居留区和做生意的市场、商场进行检查，特别是在中菲关系不好的时候，许多人的非法居留因此被发现，然后被遣送回国。如果说老华人已基本成功融合的话，这些新移民可能还在探索之中。

为了更加具体地呈现不同华人的处境与选择，笔者试图根据自己所遇到的一些案例，在真实的故事中还原他们的心态、经历与应对。

二、洪玉华：华菲融合的践行者

我 2015 年到菲律宾访学时，打算找些学者进行访谈，菲律宾大学亚洲中心的合作导师巴维尔娅教授推荐了一个名单，其中就有洪玉华（Teresita Ang See）。她是菲律宾华裔青年联合会（Kaisa Para Sa Kaunlaran Inc）的创会主席，目前是负责管理菲华历史博物馆（Bahay Tsinoy）的华裔传统文化基金会（Kaisa Heritage Center）的执行理事，是一位有名的华人活动家。

访谈前我先查了一些资料，得知洪玉华女士继承的是丈夫的事业。她丈夫施振民（Chin Ben See）先生是一位社会人类学教授，与人一起于 1971 年成立了合一协进会（Pagkakaisa sa Pagunlad），旨在推动华人与主流社会的融合。在反对马科斯独裁政权的斗争中，与多数保持沉默的华人不同，他们夫妇积极投身到政治运动之中。后来丈夫不幸患病去世，洪玉华女士独立承担了他留下的事业。科丽·阿基诺总统时期，在反对美国军事基地运动的过程中，也出现了一股反对华人的民族主义情绪。在这种情况下，洪女士进一步将合一协进会改造成菲律宾华裔青年联合会（她当时还不到 40 岁）。与其他华人组织不同，菲律宾华裔青年联合会除商人外，更多是由学术界人士、职业人士组成。在宗旨上，也具有更多的政治性，明确主张视菲律宾为自己的国家，倡导菲华之间的相互了解与融合，为共同利益而奋斗。在这一宗旨下，洪玉华积极参与了反对绑架的运动，甚至在拉莫斯总统时期一度发动罢课、罢市，迫使政府采取认真的行动去应对这一犯罪行为。

后来见了面才知道，洪女士是一个身形瘦小的老太太。能够在先生去世后多年坚持奋斗，令人钦佩。目前她年逾花甲，仍然努力工作。笔者邮件联系她时，她正在准备“二战”结束七十周年的华人抗战展览，另外还要去韩国出席一次华文教育会议，最后好不容易才确定了访谈时间。在访谈之前，她邀请我先去参加那个展览开幕式。去了才发现阵仗也不小，不但有抗战老兵、华商代表以及中国使馆参赞，还邀请了菲律宾抗日华侨在中国的后代参加。洪玉华当时有一个致词，我印象最深的一句话大意是，要记住谁是我们的朋友，谁是我们的敌人。在中菲关系因为

洪玉华女士

南海闹僵而菲日关系不断走强之际，这话特别让人印象深刻。由于展览当天她事务繁忙，当时只能寒暄几句，访谈安排在另一天。我在约好的时间走进她设在菲华历史博物馆二楼的办公室。菲律宾地处热带，气候炎热。但我走进去时，连空调也没有开。她后来向我说明，为节约经费，只有多数工作人员都在办公时才使用空调，一般都不开空调。可见他们在经费上并不宽裕，十分节约。但与此同时，他们仍然经常向各种社会活动捐款。

在访谈中，感受最深的是洪玉华致力推动华菲融合。在菲律宾，尽管华人与当地社会相处融洽，但由于文化心理、社会习俗多少有点不一样，加上华人的传统是聚集而居，很多人与菲律宾主流社会较少往来。例如通婚，尽管菲律宾人杂合着华人血统，但那主要是历史上华人女性移民少加上西班牙殖民政府鼓励的结果，因为当时规定混血儿比纯粹华人能够取得更高的社会地位。但随着殖民统治的结束，以及移民性别比例的渐趋平衡，当前仍然有华人不愿意与菲人通婚。但洪玉华对此持很开放的态度，当年她女儿在婚嫁问题上，也面临选择华人还是菲人的问题，但最后还是选择与菲律宾同学结婚。洪玉华还强调，华人的准确名称是 Chinese Filipino（华裔菲律宾人）或是 Chi-Noy（当地菲律宾人称之为 P-Noy），而不是 Filipino Chinese（菲律宾华人）。

总的来看，洪女士认为菲律宾华人与当地人的融合是成功的，中华文化也保存很好。但她的观点可能有些华人不赞同，如她认为当前华语教学效果不佳，是因为没有把华语当外语学，反对传播中国文化中的风水、八字等迷信成分。另外，与一些华人认为菲律宾仍然歧视华人相比，她更加强调存在华人对菲律宾人的歧视，如以前常有华人叫菲律宾当地人为“番仔”。而且，华人往往认为菲律宾人懒散、不愿存钱。但洪玉华认为，这种观点是错误的，早上起来送报纸、开吉普尼、打扫卫生的都是菲律宾人。至于不愿存钱，多半也是因为收入太低、存不下来的结果。

洪玉华还是中菲关系的大力推动者。菲华历史博物馆曾经接待中国领导人，许多中国游客也曾到此参观。此外，她还是菲律宾中国研究协会的创会主席，在黄岩岛对峙之后带领一些菲律宾学者到中国访问。在南海问题上，她主张双方应该彼此尊重各自的立场。与此同时，她也对当前中菲关系中的一些现象直率地提出了批评，如认为中方可能更多注重与官方交流，但民间交流不够。她自己对此十分重视。后来巴维尔娅教授举办中国学者菲律宾研讨班，其中有场洪玉华关于菲律宾华人的讲座。记得她特意提前一天来到班上，坐在一边默默听课。问她原因，她说是来了解中国学者的英文以及需要翻译的程度，以便决定讲座内容的长短，因为翻译时间长了，讲的时间就必然短了。要知道，马尼拉堵车严重，就为了这个问题专程来一趟并待上半天，其负责、严谨的精神令人钦佩。

三、卢文龙：重温中华文化的年轻人

文龙是年轻的胖小伙，还不到30岁，来自菲律宾中部西尼格罗斯省省会巴科洛德。第一次见到他是在巴维尔娅教授发起的中国学者菲律宾研讨班，他担任翻译。听他说话，你很难想到他是菲律宾华人。因为除了新移民，许多华人会说闽南话，但不会说普通话。但文龙的普通话不但很流利，而且发音可能比大多数中国人都标准。休息时聊天他有时率性地来句“妈呀”，简直就像是不折不扣的中国人。

后来才知道，他曾经参加2008年中国汉办举办的汉语桥比赛，还获得了一等奖，其“奖品”就是在中国两年学习的全额奖学金。之后他在中国人民大学留学两年，攻读国际关系专业，现在回国在家族企业中上班。他算是第四代华人，外曾祖父从福建来菲经商。祖父卢谋国（Benjamin Lopue Sr.）亦来自福建，年幼时家里困难，从福建漂洋过海来到菲律宾，首先是走街串巷做生意，后来开了家玻璃店，现在发展到有十几家百货公司，成为当地著名华商，也是著名的慈善家，是当地华校、教会事业的主要赞助者。其父卢美溜（Emilio Lopue Sr.）在兄弟们中排行老幺，负责经营农田与百货公司。文龙是家中唯一的儿子，上面仅有一个姐姐。按中国的说法，他是典型的富二代，本没有必要来这里兼职翻译，而且还得专门从巴科洛德赶过来，每天住在家族公司在马尼拉的办公室。他说，他之

卢文龙获得汉语桥大赛一等奖
（本照片由卢文龙本人提供）

所以做翻译，主要还是想为促进中菲交流做点事情，当然研讨班的讨论话题也是他的兴趣所在。

在文龙看来，华人与当地社会的融合已没有问题。在巴科洛德，有不少华人居住，但他们也不愿意叫唐人街，因为担心这样会与其他社区隔离开来。当地也曾有华人出任议员与市长。像其他地方一样，当地华人多数是从商，但也有从政、从医，或当会计师、律师的，华人教师也不少，还出过几位有名的华人艺术家（画家等）和体育明星（篮球员等）。据他说，巴科洛德的春节、中秋节、清明节比较热闹，当地政府与华社每年都举行大型的春节联欢会，连过 3 天，其中有中国民族服饰游行、民族舞蹈表演，还会有专门一条街封锁交通来举办“美食节”、展示十二生肖灯笼等。华人大多数都上华校，小学学习闽南话，中学学习普通话。但总的来说，能够流利使用普通话的不多，英语、当地方言和闽南话则普遍使用。许多华人信仰天主教，同时又信仰佛教（巴科洛德有两个佛寺和一家道观）。在文龙的印象中，他爷爷就是一个既保持了中国特性又能实践天主教教义的人。

相对父辈来说，文龙从事的不止是商业，还开启了一趟文化回归之旅。在他刚上中学二年级时，曾赴厦门大学参加了一个半月的夏令营。文龙说，最初招生时，他的中学老师鼓励他去，但他自己并不愿意，因为他当时刚刚十二岁，从未离开过家。用他自己的话讲，是他妈妈“逼”他去的，结果一去就无法收回自己对汉语和中华文化的热爱。过了两年，他又赴上海晋元高级中学参加夏令营。他本科是在马尼拉雅典耀大学攻读管理学，大四那年被一位汉语教师鼓励参加2008年第七届“汉语桥”世界大学生中文比赛并获得一等奖。没有对汉语的熟练掌握以及相关的才艺，是不可能获此殊荣的。在宗教上，他随外祖母信佛教，而不是祖父、父亲那边的天主教。在文龙这样重新深入学习中文并接触中国传统文化的人身上，你甚至可以发现中国年轻人几乎不会有的传统痕迹。例如，他与笔者通信中一开头就说“展笺如面”，提及其父母时分别用“家严”“家慈”，让我都生出对传统文化生疏已久的惶恐。

问起他“回归中华文化”的动力，他说，父母很支持我学习各式各样的东西，在他们的鼓励支持下逐渐迈上学习汉语之路。而对于他自己来说，一方面不想忘本，想追随祖先的语言和文化；另一方面觉得中文和中华文化很有趣，不知不觉就上瘾了。学会后才发现汉语的重要性。学会普通话后，对他的实际生活帮助也很大，如去中国不会被认为是外国人，沟通无障碍，非常方便。在其他国家遇到华人也会得到相助。在菲律宾与中国商人谈生意也很方便。

让文龙困惑的不是文化问题，而是中菲政治关系的困扰。从政治认同来说，他无疑已经是一个地道的菲律宾人。研讨班期间，组织去参观菲律宾众议院。众议院开会前奏国歌，他也像其他菲律宾人一样大声吟唱。在最后一晚的欢送宴会上，他则穿着菲律宾的国服巴龙（Barong）出席。但他在中国最担心的是别人知道他是菲律宾人，尽管是菲律宾华人。有文化的中国人在他面前会尽量避免敏感问题，而提及菲律宾人骄傲的一面，如拳击手巴乔、海滩、乐队和芒果干等。但一些“自以为有文化”的中国人，在没有认真了解菲律宾历史和文化的情况下就做出附有偏见的判断，甚至当着他的面骂菲律宾和菲律宾人，态度也非常差。

无论是谈判，还是第三方解决，他希望能够以和平手段解决南海问题。作为一个年轻的华人小伙，他目前所能做的还比较有限。但如果有更多的人像他这样以亲身经历多推动一些中菲互动，两国关系将有更加深厚的民间基础。

四、刘竞：在不确定感中打拼的新侨

新侨中绝大多数仍然是从福建过来的，目的主要是来做生意。但也有极少的例外，来自湖南的刘竞就是其中的一个。认识他纯属缘分，2015 年在菲访学期间，笔者接到一个男性电话，号码是菲律宾的，说的却是普通话。他自我介绍说是本地新加坡国际学校的中文部主任，说在网上看到我有关菲律宾的文章，也赞同我一些观点。正好他认识的雅典耀大学孔子学院中方院长刘小芳知道我的电话，就直接打过来，邀请我去他家做客。再一聊发现意外之喜，竟然是湖南长沙老乡。本来打算当天见面，但因为已有安排，便约定改日再去拜访。

约定的那天，他开车来地铁站接我。车上载着他九岁的儿子，能够用中文问候，但已不太流利。他家租住在一个高层公寓小区，妻子是菲律宾人，在一个华校旁开了一个小饮食店，另外还请一个菲律宾小女孩帮忙。

交谈后知道，他之所以来到并且留在菲律宾，很大程度上也是偶然。他在中国国内读的大学，然后到菲律宾读研究生。笔者估计，他当时的选择可能像很多中国在菲留学生一样，不过是想当作进一步到西方留学的跳板。但留学期间，母亲因病去世，父亲因此受到打击，加上所在单位效益不好，他原本留学的经济来源一下子就断了。好强的他选择了辍学打工，人生的历程就此改变。由于不像福建移民那样有亲友的支持，他的拼搏过程起初并不容易。最初在一个台湾人开的甲板厂里当过工头，后来在华校、语言学校和一些大学里教过中文，2006 年开始到马尼拉新加坡学校工作后，生活才逐渐稳定下来。他在一个中文培训班授课时，遇到了现在的妻子。加上父亲后来重组家庭，他遂决心留在菲律宾发展。

他妻子开朗、热情，是典型的菲律宾人性格。她虽然目前还不太会说中国话，但对中国文化十分喜欢，特别喜欢湖南的

刘竞的全家福
（照片系刘竞本人提供）

臭豆腐。目前，她已能够烧出地道味道的湖南菜。在他们自己开的饮食店，也是做的中国食品，供应周边华人。在刘竞的熏陶下，她还特别喜欢看中国的电视剧，国内的许多频道在菲律宾是能够看到的，她喜欢的包括湖南卫视的《快乐大本营》与电视连续剧《三国》。只是苦了刘竞，由于妻子中文还不行，时时拉他做翻译。2019 年访菲再去他家里，得知他妻子正在看国内流行的电视剧《知否？知否？应是绿肥红瘦》。

从刘竞身上，可以看到湖南人的那种打拼精神，特别是那种逆境中求生存、求发展的能力。与其他新侨不同，他并没有菲律宾的亲戚可以投靠，也不会说闽南话，因此无法很好地融入当地华人圈。他所在的新加坡国际学校是一个菲律宾当地政治世家子弟开的，因为选择的是新加坡的教学体制，故设中文部与中文课程。但他的社交圈主要还是菲律宾人，他以自己的付出得到老板的赏识，一直担任中文部的主任。尽管事业基本稳定，周末他还是会到一些家境不错的菲律宾人和韩国人（在菲律宾的韩国人很多）家中做中文甚至数学的家教。据他说，韩国人真的很希望自己的后代会说中文。

尽管在菲律宾成家立业，刘竞觉得还是无法彻底融入菲律宾社会这个圈子，因为他是大学毕业后才来菲律宾，只会说英语，不会说菲律宾语。虽然英语与菲律宾语同为菲律宾官方语言，但后者毕竟是本土语言，更被赋予国语地位。如果不能讲菲律宾语，就很难彻底融入菲律宾社会。事实上，对许多教育程度不高的普通菲律宾人来讲，虽然他们多半能够听懂英语，但说得并不流利。笔者的一个菲律宾朋友也曾向我提到，即使她自己在普通菲律宾人中讲英语，也会被认为是外国人。

另外，作为新侨而非老华人，刘竞身上仍然流淌着对中国的强烈政治认同。对于国内政治与社会，他的看法可能比许多国内年轻人要更加积极，对政府施政持更加肯定的态度。而在对菲律宾政治社会的看法上，一些相对于中国的劣势，如政府施政效率低下，基础设施太差，以及美国在当地的影响，则更为他所关注和诟病。在其他新侨身上，我也发现了类似的特点。这或许是他们身处菲律宾，对其消极面更敏感的体现。

对刘竞来讲，更敏感的或许是南海问题，就此他甚至还与妻子有些小争论，与其亲戚也有过小争吵。当然，菲律宾人并不是一个有着强烈民族主义的民族，这些并不会影响他们日常的关系。包括他的老板，实际上也是一位对华友好人士，十分主张同中国多交往。但中菲关系中的问题毕竟还是在那里，一次他们共同出差，在机场时他老板问他：如果两个国家最后真的打起来你怎么办？刘竞的回答是：我可能只能回国。

在中菲关系的磕磕碰碰、柳暗花明中，刘竞继续着他在菲律宾的家庭与事业。2019 年 3 月笔者访菲再去拜访他家时，他的第二个小孩已经出生，在马尼拉市郊不但买了一套公寓，新近又购买了一套小别墅，车子也更新换代开上了大越野。据他讲，主要是这一两年来菲中国人激增，房地产市场价格猛涨，他妻子改为从事这个行业，才挣下这份家底。但在把酒交谈中，吃着他亲自炒的湖南菜，很少谈及他个人与家庭，主题都是中菲关系，和他崇拜的杜特尔特总统。当时访菲期间的一些活动，他也热心牵线搭桥。

从他家里出来，坐在他替我叫的网约车上，心里想着认识他这几年来，他已越来越在菲律宾扎下了根。他今后的命运，更多的是与菲律宾自身的发展密切相关，但他的所思所想却仍紧紧与中菲关系捆绑在一起。类似这样的新侨，笔者还碰到过一些。他们长期在菲律宾就业、发展，事实上已扎根于这块土地，但内心所寄托的却还是给予自己生命的那块土地。双边关系的是是非非，都会给他们的生活与情感带来直接的影响，甚至冲击。一份稳定、友好的中菲关系，才是他们在他乡生活与工作的最好保障。

五、未走完的路

以上几个故事难以概括所有的情况。如与洪玉华相比，许多华商可能在政治、两国关系上都更加低调，包括在中国的政治社会方面，谈起来也更加谨慎。例如，笔者曾在一次宴会上正好坐在上好佳集团名誉董事长施恭旗（菲律宾华侨，祖籍福建晋江）先生旁边，谈及国内投资环境包括腐败，他更愿意强调比较积极的一面。有的华人（特别是参政的）可能在南海问题上持和菲律宾人一样甚至更加严厉的立场，等等。

这种政治认同的转变不难理解，事实上可能也是他们在菲律宾要生存与发展的必然。但更加深层次的原因可能还是在社会文化上与主流社会的融合问题，笔者认为，尽管菲律宾华人在这方面比较成功，但总的来说，还有两个问题没有从根本上得到解决：

一是目前菲律宾的政治经济格局表明，华人与菲律宾主流社会的关系实际上还只是一种“嵌入”而非“融合”。华人在经济领域占优势地位，而菲律宾人则保留在政治上的控制权。事实上，在腐败横行的菲律宾，菲律宾政客与华人金主形成了一种极佳的利益搭配，前者为后者提供保护，后者为前者输送

华人消防队的消防车

利益，或是通过做慈善为菲律宾政治与社会提供支持（如著名的菲华三宝：捐建农村校舍、志愿消防、义务诊疗）。且不说这种搭配的政治、社会影响，从严格的意义上看，这只是一种马赛克式的镶嵌关系，而非合二为一的融合关系。虽然其中重要原因是华人在政治上一贯比较低调，但另一方面也是因为菲律宾对华人参政并非毫无保留（一些华人朋友也曾向笔者指出这一点）。特别是在中菲关系不好的时候，就会有一些声音要求华人领袖进行政治忠诚的表态，从另一个侧面反映出菲律宾社会中仍然存在政治上没有充分信任华人的现象。

二是在社会生活文化上，华人特别是青年一代已逐渐趋向于同化，甚至他们中的多数已不会说福建闽南话（更不用说普通话）。在信仰方面，华人也主要是信仰天主教，而不是更有中国特色的佛教（尽管有些人从教堂出来后也会进寺庙）。那些留恋于中国文化的，主要还是老年一代。华社上层以及生活、文化，虽仍主要被老年一代所把持，但逐渐成长起来的新生一代在观念上已有众多不同，而更多接受菲律宾化。而从前述那些有一些华人血统的华菲混血儿可知，那些选择与菲律宾人通婚的华人，其后代（阿基诺夫人、阿基诺三世等）完全融入了当地社会，而很少有华人文化特征，这一结果更准确地说是同化而非融合。

新侨的注入可能会导致一些新的改变，如普通话可能因此获得新的动力，中华文化因素可能会因此部分增强。但这部分人及其后代势必仍将走过从华侨到华人的这一转变过程，在与当地社会融合的问题上难免不走老华侨已经走过的道路。

也就是说，目前华人在融合问题上仍然面临两难：要么是坚持自己特色的嵌入，要么是放弃特色的同化，真正能够走融合这条中间道路的很少。真正融合在于有效地扬弃。只扬不弃，做得再好也只是嵌入；只弃不扬，最后留下的只是部分中华血统而已，那就是同化。如何在扬与弃之间把握平衡，个人认为菲律宾华人仍没有很好地做到。当然，这只是一个外部人在“站着说话不腰疼”情况下的感受，而且也有“鸡蛋里挑骨头”的嫌疑。毕竟，这不只是菲律宾华人面临的挑战，也是其他国家的华人面临的挑战，甚至后者面临的问题更多，挑战更大。

华人不是中菲关系的唯一纽带

华人是中国与相关国家间关系的一条特殊纽带，也是中国人在走出去时自然而然想去依靠的一条纽带。但一个必须记住的现实是，华人只是当地社会的一部分，而且常常是少数。除了华人华社之外，中国在对外交往中需要培植的纽带，还应有更多。这种紧迫感，我在菲律宾体会尤其明显。

一、华人的特殊作用

前面提到，一般认为，菲律宾可能是东南亚华人与当地社会融合得最好的国家（另一个国家是泰国），这也使得华人成为维系中菲关系的一条重要的纽带。其中最关键的或许是华人在菲律宾经济领域中的突出地位，据说华人以 1% 多的人口，控制了菲律宾超过 60% 的经济（笔者尚未发现有关方面——无论是菲律宾政府还是华人社区——对华人数量以及相关经济数据的精确统计，此为综合各种讯息来源的估计）。在《福布斯》杂志 2015 年选出的 11 名菲律宾亿万富翁中，有 9 名是华人；在其 2018 年菲律宾富豪榜中，前 10 名仍有 7 名是华人。

华商施至成旗下的 SM 商场遍布菲律宾

菲律宾的制造业本不发达，经济以服务业为主，而华人在商品流通、地产、通讯、银行、饮食、航空等领域占据重要甚至是主导地位，对菲律宾的经济至关重要。

突出的经济地位并没有直接反映到政治领域当中。和其他国家的华人一样，华人仍然很少直接参与当地政治。那些被中国人津津乐道的具有华人血统的总统（如前总统阿基诺夫人、阿罗约等）事实上都已完全菲律宾化了，像他们这样多少拥有一点华人血统的人或许占到了菲律宾人口的 1/5 甚至更多。但真正意义的、占全国人口约 1% 多的华人，仅仅指那些至少要有 50% 华人血统（即父或母一方为纯粹中国血统），并且在文化、生活方式等方面确认自己华人属性的人。对于这部分华人而言，依然坚持的中华秉性让他们对于政治保持低调，但又通过与政客的密切联系而保持了自己的影响力。笔者听到这样一种普遍的说法，即在每一个菲律宾政客的后面，往往都有一个甚至几个华商。

利用这种特殊关系，华商努力在经营和保护着华社的利益，当然也包括自己家族的利益。而这一点也正是中菲关系可以倚重的地方，因为华人是中菲关系中天然的促和派，不愿意中菲关系横生波澜。在阿罗约时期，中菲关系之所以一度达到黄金时期，并且在南海合作方面有所进展，也不能不部分归功于这种纽带的作用。极具影响力的华商、时任菲律宾华商联总会（简称“商总”）理事长的蔡聪妙是其密友，据说许多友华政策（如把中国人从“受限制外侨”名单拿掉等）都是其推动的结果。一旦中菲关系中出现一些小麻烦（如有中国工人因非法务工被扣押），“商总”也能够利用他们的影响去与菲律宾相关部门沟通。

应该承认，华人纽带是中菲关系中的一笔宝贵财富，这是其他国家在与菲律宾打交道时所没有的，中方当然要大力维护并使其发挥更大的作用。但与此同时，我们也要看到华人在中菲关系中的局限性，把更多的外交精力放到与菲律宾其他层面打交道上来。

二、华人纽带的局限性

在笔者看，华人纽带的局限性在于一些深层次的原因。

首先，要看到华人是政治上的菲律宾人，其次才是文化上的华人。尽管由于血脉相同，文化相通，他们对于中国可能有一种天然的好感。许多华商到中国也有投资，故也多希望中菲关系间的稳定，甚至有进一步紧密的联系。尽管中国是其祖籍国，但是华人在国籍上、政治认同上是菲律宾人。特别要看到一个历史背景是，许多东南亚国家都对华人的政治认同抱有疑虑，因此华人在这方面会更加谨慎小心。笔者曾去菲华历史博物馆参观，里面的资料就一再强调一个信息：我是菲律宾人。这种处境可能导致一种情况，那就是在中菲关系出现冲突的时刻，华人除了做一些间接促和工作以外，可能不愿也很难去表态。正如暨南大学华侨华人研究院副教授代帆所指出的那样，

菲华历史博物馆主题：我是菲律宾人

笔者与施恭旗先生的合影

中菲在黄岩岛问题上发生冲突后，菲律宾华人非常紧张，担心菲律宾政府会要求他们做出表态。这就好比妻子和母亲吵架，两边“都得罪不起”。所以，每当中菲两国发生冲突时，他们只能选择“紧张地中立”。①

这种情况决定了华人即使在中菲间发挥作用，也往往要避开敏感领域。例如，前总统阿基诺三世任命过两名华商先后担任过中国事务特使，一是菲华商联总会名誉理事长李永年（2012 年 5 月任命），二是上好佳董事长施恭旗（2012 年 8 月任命，他在杜特尔特上台后再次得到了中国事务特使的任命）。

① 《菲律宾华商在中国》，原载《南方周末》，2012 年 5 月 21 日。

但根据菲律宾总统府的说法，中国事务特使的任务是促进菲中友谊和贸易往来，促使各行业的中国商人到菲律宾投资兴业，以及为菲律宾产品打开中国市场和吸引中国游客来菲旅游。显然，菲律宾政府只是想利用华商的地位去实现经济目标，而并未让他们介入政治安全等敏感议题。事实上，当时李永年一度曾被考虑任命为驻华大使，但在国会反对、黄岩岛争端爆发的背景下，阿基诺三世撤回了提名。

其次，正如前面所说的那样，菲律宾政治经济社会中存在菲人政治、华人经济两相结合的结构。但这既是华人发挥作用的捷径，亦是其软肋。因为对华人来讲，这种地位从根本上来讲还是依附性的。虽然外省可能有不少华人出任省长、市长，但在国家政府层面华人要出头很难。这种情况决定了华人的发言权终究有限，作用大小取决于菲律宾政客的意愿。而且，从某种程度上看，这种政商结构也是菲律宾政治中腐败层出不穷的重要原因和表现，很容易成为媒体与舆论指责、批评的对象。一旦中间出现什么丑闻，华商就难免不被卷入甚至可能被当作替罪羊。

最后，也是最根本的一点是，菲律宾是亚洲最为西化的国家，全盘采纳了西方民主。虽然存在腐败层出不穷、诸多政治家族掌控权力等负面现象，但从根本上讲，这个国家的政治与政策还是取决于选票。中国要做好菲律宾的工作，最重要的还是要和菲律宾主流社会打交道。这里的主流社会不只是政府部门、媒体、学者，还有那些形形色色的党派、非政府组织（NGO）甚至是基层社区等。如何接触、影响他们进而通过他们去影响菲律宾政府的外交政策，才是中国最需要做的深层次工作。特别是在两国政治、外交关系困难的时刻，致力于加强社会、个人之间的交流，还可能为中菲关系另辟天地，达到迂回外交的效果。笔者由于这几年关注菲律宾较多，与我国驻菲使领馆人员也多有接触，感觉他们已在这方面做了大量工作。但中国外交传统上习惯与“官”打交道，不善于与“民”打交道，加上中外体制不同（如中国没有活跃的对外非政府组织），一些民间外交工作做起来可能还是不如美国、日本那么顺畅。如何建立与对象国基层社会互动的管道，并使之产生最大的社会影响，还是中国外交中一个需要探索的任务。

三、多和当地社会打交道

在对菲公共外交方面，可能美国与日本还走在我们前头。尽管美国与菲律宾本有着特殊的关系，但还是致力于加强与菲律宾基层社区的互动，并且注意在一些关键事件上博得菲律宾民众的好感。笔者 2015 年在大马尼拉一个很深的感受就是市区的帕西格河肮脏不堪，臭不可闻，但由于政府低效和资金缺乏，一直没有得到有效治理。2015 年 4 月，美国时任驻菲律宾大使菲利普 · 戈德伯格（Philip Goldberg）特意参加了一次在

标注有“日本政府开发援助”的大桥

帕西格河打捞垃圾的环保行动。虽然只是一个姿态，但无疑很能博得民众好感。日本作为给予菲律宾援助最多的国家，其资金不仅投向机场、地铁这些大项目，也特别注意通过一个个小额的援助给予基层社区，从而能够让普通老百姓对日本形象有更加切实直接的感受。

真正有效的公共外交，最需要的还不是砸金钱和秀实力，而是在于认识上、心态上的转变，愿意放下身段去深入接触菲律宾社会，肯从长远着眼，下更多的细致工夫。另外，还需要国内政策上的总体支持，如我们战略上对于菲律宾还不够重视，大使馆人力资源相对有限。由于国内 NGO 不发达，我们对于如何与国外 NGO 打交道也缺乏相应的经验，甚至是抱有一种天然的疏离感。笔者印象中，韩国的外交官们就特别善于做民间外交工作。因为笔者的研究也涉及韩国，就曾多次参加韩国使馆与中国相关研究机构合办的学术会议，韩国企业、民间研究机构、基金会对于邀请中国学者前去学术交流也十分积极。相对而言，中国对外工作的重担都压在外交官身上，而缺乏有效的非官方渠道作为补充，对于深化与在驻国的民间交流还有许多工作要做。

深层次的障碍可能还是我们一部分人有文化上的傲慢心态。坦白地说，不少中国人可能还没有学会如何在文化上、心态上对待不同于自己的民族与国家。对于发达国家及其文化、人民，有的中国人可能更多的是一种仰视心态（当然也有抵制甚至鄙夷的）；对于后进国家及其文化、人民，许多中国人在心态上则不免俯视了，其后果就是不愿了解甚至不愿接近。我有时坦白地对菲律宾朋友讲，中国人没有侵略的基因，中国的问题可能是文化上的傲慢主义，不太愿意了解其他国家与民族，所以也可能很难从其他国家的角度考虑问题。要在菲律宾这样落后于中国且与中国存在争端的国家中开展公共外交，抛弃这一心态至关重要。不管是你要在与对方的博弈中占据优胜地位，还是要打开对方心结与之交朋友，了解别人、换位思考都是极其必要的。

回到华人纽带的问题上来。菲律宾华人社会作为一种强有力存在的现实，以及文化上、语言上的联系，是中菲关系中的一个有力纽带。但需要注意的是，这种纽带的存在可能也诱发了中国人心中对当地华人自然而然产生的亲近感，甚至是依赖感，从而忽视了其他纽带的培育。所以，尽管中菲关系中华人纽带确实重要，但当前对菲工作的关键可能反而是要摆脱对华人、华社的过多依赖，致力于建立更多的管道，通过全方位的交流去认识菲律宾。

“近视的”菲律宾

有菲律宾朋友曾向我抱怨，菲律宾缺乏有远见的政策。对此，笔者深有感受。菲律宾人是一个感性民族，且天性乐观，并不崇尚理性，也不喜欢思虑长远。在许多内外政策的思考上，如同戴上了一副“近视眼镜”。看待南海争端，亦是如此。在阿基诺执政时期，这一现象十分明显。在杜特尔特的执政之下，菲律宾政府对南海问题的态度和政策较以往显得更加隐忍，用中国的话来讲就是“顾全大局”。但整个社会的相关情绪与思路并未有多少改观，菲律宾的政策视距有多远？在杜特尔特之后可能仍是一个问题。

一、被情绪化的南海争端

来到菲律宾，如果你不看媒体，仅仅跟老百姓共处，你感觉不到这是一个与中国存在领土主权争端的国家。菲律宾人天生热情，并不崇尚暴力。他们不会因为你来自中国就转换成冷面孔，一般也不会出于民族主义热情来与你争辩南海问题。南海仲裁案前后，中国使馆前面也出现过小规模的示威，但那不过是百把人的集会而已。当然，如果主动问起他们南海议题时（他们也可能偶尔向中国朋友提及），你仍然可以感受到他们心中的那种情绪，和他们对政府、媒体上那套说辞的接受：岛礁离菲律宾那么近，而且在其专属经济区内，中国为什么要欺负菲律宾？

这套说辞似是而非，但在阿基诺时期已被媒体植入人心。说中国在欺负菲律宾，其实中国所做的不过是扩大岛礁、建些房子和设施而已，这些是菲律宾与越南早已做过的事情而已。虽然中国做的规模更大，速度更快，但这至多只是一种凭借优势实力的竞争，怎么能够与“欺凌”挂上钩来？至于岛礁距离和专属经济区等说法，也不值得严肃一驳。距离从来不是国际上取得领土的凭据，而经济专属区应该根据陆地领土来划定，而不是根据经济专属区确定岛屿归属。

菲律宾人为什么会接受媒体的说法，一是因为这些说法虽然似是而非，但表面看上去符合常理，二是因为政客与媒体持续的灌输与煽情。政客们谈起南海争端时，欺凌、扩张已成为对中国行为的固定修饰用词，阿基诺三世执政时，甚至把纳粹之说（把中国的行为比喻为“二战”时纳粹的扩张）都用上了。而媒体在介绍争议岛礁时，总不忘加上一个从句说明：在菲律宾的经济专属区内。菲律宾人是一个热情、快乐，热爱生活但不爱好思考的民族，很容易在耳濡目染中接受并认同这套政客们与媒体共同编造的说辞。在这种成功建构并被接受的话语体系之下，阿基诺时期的菲律宾把整个外交“大船”甚至内政决策都以中国为负面参照进行了调整：阿罗约时期的许多对华合作项目中止或取消，强化与美国同盟，拉拢日本、东盟甚至是占领南海岛屿更多的越南等。在南部穆斯林叛乱尚未根本解决之际，阿基诺三世还一反阿罗约时期的做法，再次把抵御外部威胁（也就是中国）而不是平定内乱作为军队的首要目标。

这种主张把菲律宾与中菲关系引向了一个错误的方向。中国与菲律宾有什么深仇大恨呢？根本没有，历史上我们没有积怨。尽管中国近在咫尺，但它没有像西班牙、美国、日本那样侵略和殖民菲律宾。现实中的争端也就是南海上的几个小岛礁而已，从第三方立场看，这至多属于“公说公有理、婆说婆有理”的主权纠纷，与那种侵略与扩张差上十万八千里。从菲律宾的角度看，为此与中国进行交涉、争辩都属于可以理解的范围，但如因此而疏远中国，甚至积极加入美国为首的牵制中国崛起的战略围堵，则远非理性之举。不幸的是，菲律宾人的非理性并不限于南海争端。杜特尔特执政后，中国给予菲律宾一些援助项目，如在帕西格河上援助改建两座大桥，以改善大马尼拉拥挤的交通状况。此项目系中国无偿援建，而且直接施惠于老百姓，但有反对派却以新桥将破坏附近王城历史建筑、修桥期间将加剧交通拥堵等为由而反对，不禁让有意于巩固中菲友好的人感到灰心。

二、共同利益多于分歧

除了南海争端之外，中菲之间有着众多的重要共同利益。笔者在菲律宾访学时，跑过一些城市，也待过一些乡村，总体感觉是菲律宾经济与中国有着很强的互补性。菲律宾在铁路、地铁、高速公路等基础设施方面还比较落后，而这些正是中国的强项：充足的资金、相关技术以及强大的施工能力。另外，菲律宾的土地肥沃，但水利设施落后，全部化肥依赖进口，农业生产水平有限，发展的潜力很大，这方面中国也有经验，双方存在很大的合作空间。还有一个方面是旅游，作为群岛国家，菲律宾可能不太适合发展工业特别是重工业，但旅游资源可以充分利用。中国地理位置邻近，富裕起来的中国人盼望走出国门看世界，可以为菲律宾提供大量的游客资源。

可以说，一个客观的现实是菲律宾经济正在日益依赖中国。即使是在南海争端高涨的阿基诺时期，笔者曾在 2015 年 7 月 3 日的《马尼拉时报》上看到一则报道，说由于中国经济下行，渣打银行将当年菲律宾的预测经济增长率从之前的 6% 调整到 5.7%。可见，如果中菲关系良好，前述的共同利益加上广阔的中国市场，菲律宾完全可以从中国的发展中得到更多好处。如果两国关系闹僵，相互的经贸关系势必也要受到影响。杜特尔特执政后，中菲经贸合作开始跨越政治障碍迈开步伐，中国对菲投资、赴菲旅游人数均出现大幅增长。2017年，中国就已成为菲第一大贸易伙伴、第一大进口来源地、第四大出口市场。特别是杜特尔特政府提出“大建特建”计划后，由于政府资金的缺乏，在一定程度上借助外部力量是必然之举，而正在全国推进“一带一路”倡议的中国无疑是这方面的最佳合作伙伴。有些菲律宾人可能寄希望于美国、日本，从而能够平衡对中国的经济依赖，但前述所说的中国优势是这两个国家所没有的。舍近求远，舍长取短，因小争端而舍大利益，不是一种理性的行为！

那些反对与中国发展更紧密关系的菲律宾人却看不到这一切。内政与外交紧密相联，中菲各自国内的发展特性、利益的互补性本应推动中菲进行更好的合作。但是，错误的认识一度导致了错误的外交决策，而连续多年不错的经济增长率也曾使得菲律宾自以为可以不那么在乎中国。在阿基诺时期，不少菲律宾人认为南海争端导致的中菲经济合作停滞对菲律宾影响不大，但他们所不知道的是，与没有增加的损害相比，更重要的是这个国家丧失的发展机会：更多的资本、技术、市场以及游客资源。例如，当时中国发布赴菲旅游警示以后，由于来自其他国家游客数量在增加，赴菲律宾外国游客的总数量不但没有下降，反而有所增长。但菲律宾决策者可能不愿想或是没有想到的是：如果中菲关系友好，赴菲国际游客将增加更多。2014年中国赴泰国旅游的人数达到了400多万，是赴菲旅游的十多倍。泰国与菲律宾离中国距离差不多，后者的旅游资源也不差，如果赴菲律宾的中国游客也能够达到400多万，这对菲律宾的经济是一个什么概念？但不习惯“远视”的菲律宾人，可能对此真的没有什么概念。2016年中菲关系转圜后，中国赴菲人数迅速增加，达到125万游客，同比2017年增长29.62%。尽管韩国游客仍以158万人排名第一，但外界均乐观估计中国游客人数将很快超过韩国。考虑到菲律宾的旅游资源还有大量没有开发，旅游的成本低、服务的质量好，使得赴菲旅游具有很高的性价比，更多的中国人去菲律宾旅游、消费是完全可期的。

但中菲关系的不确定性是对未来的一个挑战，仍然存在的对华关系偏见与对外政策短视今后仍可能影响到菲律宾内政特别是其国家未来发展上来。不能忘记的是，在阿罗约政府时期，中菲关系也曾被宣布进入“黄金时期”，两国之间曾有过许多合作协议（例如北吕宋铁路建设），但后来均因为腐败、违宪等指控被撤销。不能说这些合作没有瑕疵，但这主要是菲律宾国内政治导致的问题，不应该让外交关系去承受。随后上台的阿基诺政府打着干净政府的旗号，更是进一步否定了中菲之间的上述合作成果。他为自己赢得清廉的形象，但把国家带入了发展歧途。当前杜特尔特总统将对华政策扳到了正确的轨道上，但在其任期结束之后呢？后任政府的政策是否会保持远见，还是重新变得“近视”？没人能够做出保证。

三、菲律宾再也耽误不起了

与周边国家相比，菲律宾再也耽误不起了。20 世纪 70 年代以前，菲律宾经济在亚洲国家中算是很不错的。2015 年时，笔者在菲律宾见了一位新华社的老记者，据他说，在亚洲国家中，被派到马尼拉常驻曾算是仅次于派到东京的美差。但自 20 世纪 70 年代以后，看着周边“四小龙”“四小虎”纷纷崛起，菲律宾经济却似乎陷入停滞状态，一直起色不大。笔者参加菲律宾大学举办的菲律宾研讨班时，为我们讲授菲律宾经济的 Emmanuel S. de Dios 教授介绍，在 20 世纪 80 年代以前，菲律宾的人均国民总收入还高于中国与泰国，但进入 20 世纪 80 年代后即被泰国所超越，2003 年又被中国所超越。根据笔者查到的世界银行 2017 年的数据，菲律宾的人均国民总收入为 3 594 美元，世界排名第 118 位，在东盟十国中仅排在老挝、越南和缅甸之前。而中国大陆为 8 805 美元，世界排名第 69。

菲律宾与中国、东盟各国人均国民总收入对比
（2017 年，单位：美元）

世界排名	国　别	人均国民总收入
9	新加坡	55 662
28	文莱	30 057
66	马来西亚	9 679
69	中国	8 805

（续表）

世界排名	国　　别	人均国民总收入
84	泰国	6 307
115	印度尼西亚	3 725
118	菲律宾	3 594
134	老挝	2 328
136	越南	2 232
156	缅甸	1 234

来源：世界银行网站，https://data.worldbank.org.cn/。

有人惊讶于菲律宾经济的增长速度。自阿基诺三世执政以来，菲律宾经济的增长率表现出色，直到现在，大致都保持6%以上的增长率，是仅次于中国、越南的亚洲第三，一些人甚至惊呼菲律宾可能会成为“下一个亚洲经济奇迹”。笔者不是研究经济的，对此没有发言权，但仍然觉得此语言过其实。当前菲律宾经济之所以能够获得较快增长主要都是依赖于短期的政策或投资带动，以及海外劳工汇款的增加（直接后果就是带动消费，而菲律宾消费贡献了GDP的70%）。支持经济长期发展的基本因素并没有重要改观：基础设施缺乏、没有适应国情的产业结构等。有人说菲律宾庞大的年轻人口为菲律宾经济提供了竞争优势，但如果没有充分的产业支撑，这些人口只能拉升菲律宾的失业率，并成为经济社会的巨大负担。

马尼拉的河边棚屋

事实上，过快的人口增长正在吞噬菲律宾本已有限的经济增长成果。要知道，1970年菲律宾人口仅为3 670万，1990年为6 070万，2004年达到了8 400万，2018年则达到了10 650万。20世纪70年代时菲律宾人口与泰国、韩国人口相当，但现在菲律宾人口增长了两倍，泰国、韩国则只增长了一倍，甚至不足一倍。许多菲律宾家庭都有3—5个小孩，更多的也不鲜见。笔者在尼格罗斯岛上的农村碰到一个小女孩，她告诉我她有9个兄弟姐妹。另一次我与一个的士司机聊天得知，他共养育了10个小孩，大的已经结婚，小的才一岁多。尽管菲律宾政府也曾通过《计划生育法案》，但在势力强大的保守教会的反对之下，政府的人口控制措施一直软弱无力。以强势著称的杜特尔特上台后，能做的也无非是多给老百姓发放一些免费的避孕套而已，但很难改变教会影响下的民众观念。要知道，菲律宾国土面积不到30万平方千米，如果其人口再这样“自然发展”下去，菲律宾很可能没有未来。

所以，笔者的浅见是，菲律宾应该调整航向，无论内政外交，首要的考虑重点应该是提出有远见的政策，确保菲律宾的可持续发展。菲律宾之所以“短视”，政客们应该对此负有不可推卸的责任。菲律宾不缺民主，不缺自由，缺少的是负责任的政府，以及有战略眼光与历史担当的政治家。没有这种责任与担当，菲律宾的发展在很大程度上将处于“自然生长”状态。而这种无规划浪费了菲律宾本可用于发展的种种资本。例如，人们普遍认为菲律宾人的英语比印度人要说得更好，但印度培养出了更多的软件工程师、发展出高端的信息产业，而菲律宾的英语优势只是换来了更多的菲佣出口。目前，海外劳工汇回的收入已成为菲律宾经济的重要支撑，但这是菲律宾人“用脚追求发展”的结果，不但与国家没有关系，反而反映出政府的缺位与无能。如果有良好的规划与设计，菲律宾的资源、语言优势等本可以用于创造出更好的产业结构。

菲律宾什么都不缺，缺的是一个正确的发展方向。而这种方向，在很大程度上需要负责任的政府与有担当的政治家去提供。但在菲律宾的政治文化里，政治只是一种生意，而不是一种理念。特别是在一个任期的限制下，可能很少有总统去认真思考国家的未来。前总统阿基诺所属的自由党，有人认为是一个相对有理念的政党，阿基诺本人也相对清廉，比较讲原则。有菲律宾学者就认为，他在南海问题上之所以坚持仲裁，正是出于其法律主义与自由主义立场。但是，这种理念建立在短视基础之上，完全忽视了本国的真正需要以及复杂的国际政治现实。在内政上，阿基诺也没有做出什么重要的贡献，基本上是按部就班，不愿意对现有的经济社会结构做出调整与改变。所以，其实是在看似经济增长的背后，菲律宾又失去了一个六年。2016 年，政治强人杜持尔特出任菲律宾总统。他上台后厉行禁毒计划，推出“大建特建”计划，成立穆斯林棉兰老自治区，甚至为了推行联邦制，做了许多前任总统没有或没能做成的事情。但在根深蒂固的经济社会结构方面，其实改变还相当有限。

杜特尔特能够绕过
中菲关系的“坎”吗？

中菲关系的“坎”，就是南海争端。尽管杜特尔特搁置了仲裁裁决，但这一问题并没有过去，随时有可能跳出来干扰中菲关系，甚至可能使之倒退。要问杜特尔特能不能迈过这道“坎”，首先可能还得回过头去看前几年围绕争端的是是非非，以对这道“坎”有个大致的了解。

一、宁愿两败俱伤？

记得2015年笔者刚到菲律宾时，正赶上媒体连篇累牍地报道中国在南海岛礁上的开发建设活动。据笔者目及，当时主流媒体《菲律宾星报》(Philstar)和《每日询问者报》(Inquirer)都连续多天在头版刊登相关报道，内容或是菲律宾官方（包括总统府、国会、外交部和军方）的反应，或是七国集团对中国施压的声明，或是发表专栏评论。CNN的菲律宾频道，每天早上几乎都有与南海相关的内容。看了这些报道，当时的我对南海争端的解决以及中菲关系的未来不免有灰心丧气之感。

当然，尽管当时菲律宾反应“热烈”，但主要都是外交上的。菲律宾知道自己无力在军事上与中国对抗，而且其他国家也不会公开支持这样的对抗。一位专栏评论员说道：“由于多年忽视以及政客甚至军队的腐败，许多本该用于军队现代化的资源被浪费掉了，现在只能保持最低的防卫水平，所以无法与中国正面对抗。”据菲律宾媒体报道，当时众议院议员发言人小费利西亚诺·贝尔蒙特（Feliciano Belmonte）曾说：“整个世界不能、不愿或是害怕帮助我们，美国也在其内。”一位专栏作家在《菲律宾星报》上写道：“外交是我们唯一的武器。”

因此，在南海争端问题上，阿基诺政府治下的菲律宾所做的除了加强破落不堪的军备建设之外，主要就是一方面诉诸国际仲裁，在此问题上对中国咄咄逼人，寸步不让；另一方面又奉行“哀兵外交”，以诉诸国际舆论的方式求得道义和政治上的支持，不断强调中国岛礁建设活动“影响地区和平”，会“对航行自由和自然生态等造成破坏”。为了配合“哀兵外交”，菲律宾甚至一度停止了早已进行的岛礁建设。另外，在中菲关系层面，阿基诺政府总不忘口头宣示其发展双边关系的“诚意”。用中国人的话说，菲律宾的策略是“硬的更硬，软的更软”，在坚持仲裁方面没有一点商量余地，但其他方面会大摆姿态，摆好姿态。例如，2015 年 11 月马尼拉举行 APEC 峰会，由于中国领导人在较长时间内一直没有明确是否会与会，菲律宾不惜多次宣称“南海议题不是 APEC 议程”，以争取中国领导人能够参会。

与此同时，为了强化应对中国的统一战线，阿基诺政府致力于加强同美国、东盟、日本、越南的联系。在南海争端上，同样与中国存在争端的越南是菲律宾能够“遥相呼应”的重要伙伴。尽管彼此之间也有争端，但面对更加强大的中国，两国选择了合作而不是相互竞争。东盟是菲律宾希望“以弱胜强”的一个重要舞台，因为一个想在大国竞争中保持自身地位的东盟急切地致力于建成共同体，而要这样做就不能不“倾听”来自菲律宾、越南等成员国的要求，而中国要在东盟平台上阻击东盟“联合发声”的难度则越来越大。至于日本，也越来越成为菲律宾所要倚重的对象：不愿到中国借钱搞基础设施建设，找日本；没有钱发展海上监控与防御能力，找日本（日本向菲律宾提供了不少雷达与巡逻船）。日本当时面对中国崛起导致的“地区权力失衡”问题以及在钓鱼岛问题上面对的来自中国的压力，意欲借南海问题牵制中国，面对菲律宾伸过来的求援之手，正好求之不得。

当然，阿基诺政府最依赖的还是美国。明知要美国为菲律宾流血不容易，但拉大旗作虎皮的事还是要做的，所以当时双边的军事演习不断。2015 年 4 月 20 日开始的美菲“肩并肩”演习总共有约 11 000 多人参加，其中包括 6 656 名美军士兵和 5 023 名菲律宾士兵，规模比 2014 年大了一倍。尽管菲律宾在公开声明中强调不针对具体国家，但其中的含义不言而喻。美国也在各个场合呼应菲律宾的要求，对中国施加外交上的压力。在菲律宾提交国际仲裁、要求否定中国九段线地位之前，就有许多美国舆论要求中国澄清九段线的含义。面对中国的岛礁建设与菲律宾孱弱的军事实力，美国也做出了许多亲自上阵的表示。例如，在2015年就有几次这样的大举动。一是2015年7月美国太平洋舰队司令斯威夫特上将亲自搭乘P-8A海神侦察机，在南海上空进行了长达7小时的监测飞行。二是2015年10月美军派出导弹驱逐舰“拉森”号进入中国控制岛礁邻近12海里进行巡航，以宣示其主张的所谓航行自由。

回过头来看，2012—2016年间的中菲对抗其实是相当脆弱、危险的时期。由于美国的介入，一场中菲外交争端很可能演变为大国军事冲突。大象如果打架，小草首先遭殃，但菲律宾为什么还是选择对抗中国呢？这里面除了前述外交考虑外，可能还有菲律宾民族的“一根筋”精神，认为自己对的事情就不去计划具体的利益得失。个人可以如此，但治国若如此，是不是就显得太莽撞了一点？

二、误解在火上加油

除了菲律宾的“一根筋”外，误解也在为当时的局势火上加油。

南海主权争端固然是零和性的，但处理方式可以是非零和性的，中菲双方都重申过和平、互利处理的意愿。当时中菲对抗局面的形成，除了确实有主权分歧的零和本质、民族主义的煽风点火等因素，也包括了许多的误解、误判，以及由此导致的恶性循环。菲律宾误解了中方的战略与政策，而中国则对菲律宾等周边国家作为小国、弱国的外交心态缺乏敏感，从而加剧了当时的对抗局面。

中国的一贯主张是由当事各国政治协商解决分歧，但阿基诺政府却觉得无法与中国进行对话。时任菲律宾外长罗萨里奥曾这样抱怨，每次菲律宾外交官与中国同行对话时，中国人一开场总是强调“这是我的”，所以对话无法进行。我不确定他所说的是否属实，但即使属实，他也可能误读了中国的文化。中国讲究的是名正言顺，即首先要把自己所认为正确的道理与前提讲清楚。在有关主权的谈判之前，中国作这样的开场白是很正常的，它表明的是中国的谈判出发点。另外，菲律宾方面可能觉得，一旦关系闹僵了，就很难与中国沟通，甚至最高领导人要找机会见面也难。这其实出于中国的面子文化，即过于强调自己的尊严（不与那些违反原则或是挑衅者对话），而不是注意多沟通促进理解的实际效果。但这并不意味着中国不愿意谈判解决问题，实际上，一旦时机合适，而且找到一个可以缓和双方关系的理由或空间，中方马上会热情地重回谈判轨道。

菲律宾可能还不理解：既然中国有证据说南海岛礁是自己的，那为什么不拿到国际法庭上去审理或仲裁呢？个人的浅见是，中方之所以不愿意参与仲裁，主要是基于深层次的历史文化原因。第一，中国传统文化不好讼，像邻里争端都极力避免诉诸法庭解决，而是希望调解处理，其出发点是避免在法庭上公开争讼，撕破脸皮，而私下的调解或协商则有利于保全双方面子。1949 年以来中国已经与十几个国家解决了陆地边界争端，采取的都是协商谈判的路径。第二，在西方侵略中国上百年的历史中，赔款割地是一个重要手段，导致了中国人对领土有一种十分敏感的情绪。这导致了中国政府领导人对把领土议题提交法庭处理抱有顾虑，因为提交法庭就意味着有可能会输，从而公开地破坏了“寸土必争”的形象，但私下谈判就可以避免这一点。第三，中国仍然对西方主导的国际司法体制抱有一种不信任，特别是在霸权国美国正与中国处于明争暗斗之中，而当时的国际海洋法法庭庭长则由日本人柳井俊二担任。要把领土争端这样的重大利益交给受美国、日本影响很大的国际司法体制去解决，是中国极其顾虑的。所以，中国不愿意去打国际官司其实并不奇怪，更何况这也不是它的必然义务。求诸私下的政治协商并不代表了中国诚意不足，而是其历史、政治、文化背景下外交策略所做出的必然反应。

对于中国的岛礁建设行为，阿基诺政府一概斥之为“霸凌”，这一扭曲的说法主要出于菲律宾当时政治、外交和舆论的需要，但事实上完全曲解了中国政策与南海现实。中国当时之所以进行岛礁建设，有着复杂的背景：第一，它是对中国长期无所作为的补偿。在中国看来，从20世纪90年代中期以来，中国一直受制于自己提出的“搁置争议”政策，约束自己的开发和建设行为，但菲律宾和越南并没有停止这样的行为，这在中国看来是很不公平的。第二，它是对菲律宾提交仲裁的反应。当菲律宾不顾中国政府的反对而提交仲裁的时候，中国政府当然会考虑采取一定的反制措施，而不是被菲律宾牵着鼻子走。对此，菲律宾大学海洋事务与海洋法研究所主任贾伊·巴东巴卡尔（Jay Batongbacal）博士在接受CNN菲律宾频道专访时也提到，仲裁案显然加速了中国的开发计划。第三，它意味着“给阿基诺三世一个教训”，中国已对在阿基诺任期内改善关系不抱希望，而且明显希望菲律宾的后继领导人能够明白看到阿

笔者访谈巴东巴卡尔博士时的合影

基诺政策的不利后果。第四，或许更重要的是，这是对美国干预的反应。从战略上看，中国最担忧的不是南海争端，而是美国的再平衡战略。对于美国卷入南海的行为，中国实际上是想通过这样的行为告诉美国以及菲律宾，美国的卷入起不了什么作用。在菲律宾看来，它去寻求美国帮助是极其自然的事情，但它让中国看到，南海正在成为美国再平衡战略的一部分，因此必须得做出有效的反应，否则不足以遏制这种不利的趋势。从这个角度来看，美国介入确实只会把事情越变越糟。

不幸的是，在阿基诺政府看来，南海岛礁建设仅仅是“以大欺小”的行为，而忽视背后的种种因素，因此也就无法与中国进行有效沟通，并且做出对解决问题、对菲律宾自己也真正有利的决定。

中国也有自己的不足，其中最突出的是：一方面，中国自己还处于因为近代遭受列强侵略而留下的对领土有着特殊敏感性的悲情之中；另一方面，中国又对自己的迅速崛起引发的变化缺乏足够的敏感。中国自认为是一个和平主义国家，但在周边国家看来，中国实在太大了、太强了，而且太近、太不一样了。从地缘政治的角度来看，国家间的恐惧与彼此间距离是成反比的：距离越近，恐惧越大，关系也可能越糟糕。特别是对多数周边国家来说，面对这样一个在政治、经济、文化上极其不同的中国，利用一切机会引入其他大国特别是美国进行平衡，从逻辑上看是一件极其自然的事情。要避免这种局面的发生，不能靠简单的以硬碰硬，也不能掉入我们自己所批判的冷战思维。除了必要的政治、外交斗争外，根本的方式或许是在中国与周边国家间建立一种地区性的政治安全机制。但目前这种机制仍远未形成，中国周边命运共同体任重道远。

另外，在如何推进政治谈判方面，当时中国也需要更加具体的步骤。王毅外长提出了双轨思路，即有关争议由直接当事国通过友好协商谈判寻求和平解决，而南海的和平与稳定则由中国与东盟国家共同维护。这里存在一个如何理解直接当事国的问题，因为南海主权争端涉及众多岛礁，有的当事方可能是两方，有的则是三方，不排除还有的可能涉及四方。是把整个南海争议区域作为一个整体，然后确定当事方？还是根据每个岛礁的具体情况，确定当事方？这些都需要具体的落实方案。对中国来说，方向性的问题总是最重要的，至于细节，可以接下来再协商。但对于其他国家来说，可能细节性的东西更重要，否则方向性的问题就无法落实。这些方面，再次反映出文化与思维的差异。对中菲两国来说，解决南海争端不能限于弥合利益与立场的分歧，了解、适应对方的外交文化与思维，才是跨过南海这道“坎”的必经之道。

三、政治家、媒体与学者

总的来说，中菲需要理性地看待南海争端，相互理解对方的战略与行为，而不是在误解与误判的道路上越走越远。较阿基诺而言，杜特尔特对中方言行有了更准确的了解，当前双方都采取了使对方感到舒适的打交道方式，因此能够推动双边关系转圜并迅速发展。但在菲律宾社会中，对外政策并不总是政治家决定的。在这个过程中，有几个角色的作用十分关键。

一是政治家应该着眼长远，应该从地区和平与共同利益出发，做出理性的判断。这方面，阿基诺三世实在不是一个好的范例。2014 年，他曾将世界对中国推进行为的“无所作为”荒谬地比喻为“绥靖希特勒”。2015 年 4 月，在接受《南华早报》的专访中，他又说：“（与希特勒时相比）今天的情况或许更糟。”真正更糟的是，在同年 6 月访问日本时，阿基诺又暗示中国当前的作为类似于“二战”前纳粹对捷克苏台德区的掠夺。作为一个中国人，我对此的反应是震惊。一是惊其对历史的滥用。可能比阿基诺更不感冒中国的日本首相安倍也只是暗示中日关系是“一战”前的德日关系——那只是一场大国间的政治竞争，无关善恶。但阿基诺却将纳粹的“帽子”戴到了中国的头上，这显然是荒谬的。二是惊其作为一国领导人，言论尺度皆无，缺少政治智慧。本国总统强调本国利益无可非议，但类似比喻不是反映其根深蒂固的误解，就是蓄意误导国际和国内舆论。无论哪种目的，其后果都是十分危险的。

二是媒体应该坚持客观、公正的立场，避免火上加油。领土问题总是能够牵制民众敏感的神经，如果媒体只是传达有利于本国的片面观点，不只是误导民众，更有可能绑架政府。在这方面，中国媒体有改善的空间，而菲律宾媒体也需要改进。正如前述，菲律宾媒体在报道中总是有意无意地提及中国在其200海里经济专属区内开展活动。但应该指出的是，这种报道是不严谨的。因为海洋法中一个原则是以陆定海，而不是以海定陆，不能根据经济专属区来确定岛屿的归属。也就是说，由于中国主张对南海岛礁的主权，也将可能因为这些岛屿而在其周围拥有200海里的经济专属区。由于这些岛屿与菲律宾本土可能相距不足400海里，中菲就面临一个如何划分经济专属区的问题。当然，菲律宾可能从该国角度否定中国对南海岛礁的主权，或是认为这些岛礁不足以维持人类生存，因此不应该拥有200海里经济专属区。但不管怎么样，这就构成了一种争议。不谈这种争议，仅仅强调南海岛礁在菲律宾200海里经济专属区内，很容易给民众一种暗示与误导：中国人正在抢夺我们的海洋领土。经常可以看到有菲律宾民众到中国使馆前游行的报道，这种行为可能就是长期舆论引导下的产物。

当然要看到，中国媒体在这方面也有很多不足，一些渲染性、鼓励性的言辞同样存在。在领土等敏感问题上，有一些情绪化的言论在所难免，但对政府理性处理分歧可能造成了压力。另外，由于各种原因，中国媒体有时很难在领土争端问题上披露足够的信息。例如，对于岛礁建设活动，国内民众可能所知还不多，因为媒体在这方面信息不多。对于其他声索方的诉求依据，我们也报道甚少，这样就势必影响国内民众对此问题的客观认知，因此民族主义情绪更加汹涌，反而又迫使政府采取更加强硬的立场，失去转圜的空间。

之所以中菲媒体都出现这种难以全面报道的情况，略去上面所说的体制差异，共同的原因就是主权争端涉及民族尊严与国家重大利益，是最容易激起民族主义的话题。媒体为了迎合读者的需要，很难去理性地呈现这一切。哪怕是记者、编辑和评论员，当他们一想到这样事关民族尊严感情的话题，可能也无法完全理性和以客观自持。甚至一些学者也是如此。事实上，无论中菲，许多媒体评论就是学者写的，在媒体的煽情中，学者也要负很大一部分责任。其中根源，一是南海问题的

笔者在一次学术会议期间与菲律宾学者的合影

复杂性，许多学者由于各种各样的原因，也没有掌握充足的资料，在做出判断时未免失之偏颇。二是与自然科学不同，社会科学始终扮演着一种十分矛盾的角色：一方面，追求客观真理是它的使命，否则就不成其为科学；另一方面，它又很难做到价值中立，特别是国际关系研究，它的国家立场太明显，利益导向与价值诉求太强烈，特别是在主权争端这样的“大是大非”问题上，要做到客观更是难上加难。

但从长远来看，媒体与学者必须从这样一种主权争端的“情感与利益绑架”中走出来，以更加客观、理性的态度呈现事实，进行研究。民众本身不可能有足够的时间、精力甚至兴趣去了解这些事实的全部真相，也不可能提出引导性的意见与看法。如果媒体与学者不能尽到这样的责任，整个国家与社会可能陷入一种非理性的偏执状态之中。而如果两个有争端而对立的国家都这样做，那么一场悲剧可能就很难避免了。

当然，要承认，在国家仍然是最高身份归属的现实世界，无论对媒体还是对学者，维护本国利益不仅仅是一种道德义务，在有的时候甚至是一种法律义务。但是，履行这种义务必须以事实为基础，以公认的国际规则、共识为标准。媒体的报道、学者的研究可以有自己的偏向，有自己的主张，甚至有自己的感情，但应该都立足于这些真理与共识的基础之上。而且，不同于任期有限的政治家，学者更有责任从长远的角度来考虑南海主权争端，探求有利于国家长远发展、综合利益最大化的大战略、大方案。另外，与受限于官方身份的政府官员不同，学者还应该扮演中菲间交流的角色，以促进彼此间的观点交流，由此尽可能地消除误解。

所幸的是，当前菲律宾领导人即杜特尔特在南海问题上采取理性的立场，搁置了中国极力反对的南海仲裁裁决。不幸的是，媒体与学者似乎还是过去老样子，虽然批评中国的频率因为南海争端降温而减少，但看不出其思考这一问题的路数有什么变化。在这种背景下，杜特尔特任期之内达到目前状态已很不容易了。要使菲律宾媒体与社会都能绕过南海争端这个“坎”，难！真的很难！

知华派，知菲派

在重要的外交关系中，我们可能会使用诸如“反日派”“反美派”或“亲美派”“亲日派”这样的词，但更应该多提及的是“知某派”。无论是从感情认知出发，还是基于所认定的国家利益，你可以对某一个国家表示亲近或反对，但前提是必须“知”，必须了解。如果只是一知半解，无论“亲近”还是“反对”均是危险的。中国人对菲律宾是如此，而菲律宾人对中国亦然。

一、菲律宾的知华派

2015 年笔者赴菲律宾访学时，有幸访谈的第一个学者就是菲律宾中国研究协会的主席桑塔罗马纳（Chito Sta Romana）先生。在接受笔者的访谈时，他在捍卫菲方立场时，也抱怨当时菲律宾的决策者，说他们不了解中国。他暗指的是菲律宾的外交部部长德尔·罗萨里奥，这位前菲律宾驻美国大使，与阿基诺家族有着很深的交情，主导着阿基诺政府的外交政策。

确实，与桑塔罗马纳先生相比，可能很难有其他的菲律宾人像他那样了解中国。我2015年见他时已是头发花白，老先生年轻时曾经是左派学生领袖，他与其他学生领袖来华访问时，正值马科斯宣布军事统治，因而被迫开始了多年的流亡中国生涯。在中国期间，他干过农活，也在北京语言大学学习汉语。马科斯倒台后，他仍然选择生活和工作在中国，担任美国广播公司（ABC）的驻华首席记者，退休后回到菲律宾生活。由于他有着近40年在中国生活和工作的经历，其夫人也是华人，甚至一度被有些媒体猜测是驻华大使的候任人选（后来果然被任命为驻华大使，不过是在杜特尔特总统时期）。他时任主席的菲律宾中国研究协会，致力于把不同大学、机构的中国研究专家联系在一起。而他本人，也亲自坚持在菲律宾大学亚洲中心讲授与中国相关的课程。

笔者访谈桑塔罗马纳先生时的合影

凭着对中国的熟稔，桑塔罗马纳先生对于中菲关系特别是南海争端有着更为现实的看法。一方面，作为菲律宾人，他也抱怨中国没有认真与菲律宾方面开展对话，甚至曾经在

2014 年 APEC 北京峰会上没有理会阿基诺总统的会面请求。另一方面，他不像那些以时任外长罗萨里奥为代表的天然亲美精英，知道南海问题的根本之道在于合作而不是对抗，他知道引入美国因素对菲律宾没有好处。菲律宾需要同时与中国、美国做朋友，奉行更加独立的外交政策。

可惜，在笔者访谈他时，这样的观点并不是菲律宾外交政策的主流。阿基诺三世政府对华政策的主要着力点还是依赖美国，甚至东盟来牵制中国，在手段上则是利用国际法、借助联合国海洋法，从而达到在外交上、舆论上孤立中国的目的。但是，正如桑塔罗马纳先生所言，这种政策并不了解中国的动机与后果。事实也已证明，中国采取了更为强硬的反制措施，菲律宾在外交和国际舆论上或许得了分，但在实际上却输得很惨。难道这是一个对菲律宾有利的结果吗？正如前面所分析的，南海争端的升级在很大程度上是由于双方误解而产生的僵局。无论中国还是菲律宾，其行为都源自各自的历史、文化与现实。不掌握对方这方面的情况，我们就很可能误解对方的行为，从而导致不必要的摩擦。

可惜的是，中国了解菲律宾的人不多，而菲律宾国内像桑塔罗马纳那样了解中国的人也太少。作为一个亚洲国家，菲律宾可能比任何一个亚洲国家都要西化。西班牙的殖民统治给它带来了天主教，美国的殖民统治给它带来了英语，菲律宾人虽然有着亚洲的基因，但从文化上已更加亲西方，也更加了解西方。所以，毫不奇怪的是，尽管也不缺一些总是反美的民族主义分子，但菲律宾的精英与整体社会天然倾向西方，特别是美国。中国，虽然在地理上十分邻近，但在心理上则像一个有隔阂的遥远邻居。

2015 年访学期间，笔者还与桑塔罗马纳先生有机会多次见面交流。由于知道他曾在我的家乡湖南有过一段生活经历，我还曾牵线搭桥，让湖南省社会科学院出面邀请他去访问。在我访学结束前的讲座中，他也亲临出席。杜特尔特总统上台后，得知他被任命为驻华大使，我感到由衷的高兴。至少，在杜特尔特与他的带领下，菲律宾对中国的认知不至于陷入阿基诺政府时期的误区。当然，作为菲律宾的大使，他肯定首先要对菲律宾的利益负责。在走出误解的樊篱后，如何缩小客观存在的利益差距，就成为重要的挑战。

二、菲律宾的中国研究

像桑塔罗马纳先生这样的经历无法再复制，绝大多数菲律宾人不可能对中国有很深的体验。前总统阿基诺三世，马科斯时期曾长期与其父母一起在美国过流亡生活，而他的外长罗萨里奥，则是在美国拿到的学位，并曾任驻美大使。正如前述，美国有线电视新闻网（CNN）的菲律宾频道已经落地。无论在语言还是思维上，菲律宾的脉搏更多地跟着美国一起在跳动。

现任总统杜特尔特可能是很少没有在美国留过学、对美国也没有多少好感的总统，但他来自棉兰老岛，其实并非大马尼拉政治精英圈中的一员。

值得指出的是，菲律宾正在理解中国方面做更多的努力。菲律宾国际关系学者不算多，研究中国者当然也不多，但这些学者组织了一个菲律宾中国研究协会。我没听说菲律宾有美国研究协会、日本研究协会等，相较之下，中国研究似乎被置于一个特别的位置。笔者曾经访学的菲律宾大学亚洲中心，其中国方面的专家主要是巴维尔娅教授，她以前曾担任过亚洲中心的主任。她是中菲关系正常化以来第一批来华留学的菲律宾人。据她说，当时共有三人，但其他两人都是华裔，只有她才

笔者与巴维尔娅教授的合影

是菲律宾裔留学生。当时负责接待我的 Ivy Ganadillo 既是亚洲中心的工作人员，也是巴维尔娅教授指导的硕士研究生，论文的题目是关于菲律宾新华侨的。她还给自己取了一个美丽的中文名：颜爱美，她已多次来中国进行短期交流，而且还在考虑是否来中国攻读博士学位。

笔者碰到来华留学的还不少。访学期间，我有机会拜访了雅典耀大学中国研究项目的主任黛西·锡（Daisy C. See）教授和中国研究中心主任巴泰（Sidney Christopher T. Bata）先生。雅典耀大学是菲律宾最好的私立大学，阿基诺三世也是这里的毕业生。这也是菲律宾唯一有专门研究中国的机构的地方。中国研究项目已经有 28 年的历史，可以提供中国研究的学士学

笔者与黛西·锡、巴泰博士的合影

位。中国研究中心是在一位菲律宾华人邝立铭（Ricardo Lenong）先生的资助下建立，负责组织会议、联系讲学、留学等。这两位都能够讲流利的中文，锡教授还在北京大学攻读博士学位，更年轻的巴泰则在复旦大学获得社会学硕士学位，2015 年我见到他时他正在华中科技大学攻读博士学位，定期往返于中国与菲律宾。一次学术会议期间，一位年轻的菲律宾小伙主动与我打招呼，原来他也在复旦大学攻读国际关系博士学位，师从在中国国际关系学界有名的唐世平教授。

如果有越来越多的菲律宾人来中国留学，我觉得对中菲关系是一件好事。从桑塔罗马纳先生的经历与观点来看，只有对中国真正了解的人，才有可能对中国采取一种更加理性、务实的政策。2015 年，我在访谈巴泰时，他也提及，他有次带一位菲律宾学者到中国访问，虽然只有仅仅三天，但那位学者已经感受到，中国与菲律宾媒体上说的不一样。有学者曾对菲律宾来华留学青少年心中的中国、美国、日本等国家形象进行调查，其结论是：在菲律宾青少年心目中，“中国”“美国”和“日本”总体形象都是积极的，但相比较而言，“日本”的负面形象远远高于“中国”和“美国”。[①]这与菲国内民众的认识是不同的，也间接表明来华学习对于培养菲律宾青年的友华情感是有好处的。

---

① 陈燕玲：《菲律宾青少年关于中美日国家形象的认知——基于“词语自由联想”测试的分析》，载《当代修辞学》2014 年第 2 期。

所以，出于长远“投资”菲律宾的考虑，中国应该大力鼓励菲律宾青年来华留学。目前来中国的菲律宾留学生非常之少。根据国家留学基金委员会的统计，2014 年的来华留学生中，按国别排序前 15 名分别是：韩国 62 923 人，美国 24 203 人，泰国 21 296 人，俄罗斯 17 202 人，日本 15 057 人，印度尼西亚 13 689 人，印度 13 578 人，巴基斯坦 13 360 人，哈萨克斯坦 11 764 人，法国 10 729 人，越南 10 658 人，德国 8 193 人，蒙古 7 920 人，马来西亚 6 645 人，英国 5 920 人。菲律宾有多少人，这个统计中没有，我也不掌握具体的数字。但从各方面反映的情况来看，数量不多应该是可以确定的。

暨南大学代帆副教授的研究也可以验证这一点。他曾在菲律宾进行相关调研，其结论是：“尽管中国政府在菲律宾建立了三所孔子学院，而且本调查的部分受访者也来自孔子学院，但在留学目的国的选择上，除了美国遥遥领先外，中国（4%）依然远不及日本（12%）。从族群的角度进行细分，菲裔选择美国、中国和日本作为留学目的国的比例分别为 73%、1.9%、13.1%，华裔的比例则为 60.9%、14.8%、7.8%。一些菲律宾学生在访谈中认为，申请日本政府奖学金的难度较低，中国政府提供的奖学金不仅名额少，而且很多菲律宾人不了解申请渠道。”①

① 代帆：《中日在菲律宾的软实力比较研究》，载《世界经济与政治论坛》2014 年第 2 期，第 103 页。

对此，可能需要中方做更多的工作，如加大宣传与支持的力度，提供更加多样化的留学形式等，让未来的菲律宾精英对中国有更加全面和客观的了解。笔者在一个偶然的机会中得知，留学中国的菲律宾学生们组织成立了一个中菲友谊协会（Philippines-China Friendship Club），热衷于与中国的青年们进行交流。笔者所在的上海社会科学院承办了文化部的青年汉学家项目，每期邀请数十名研究中国的海外青年学者参加，据笔者所知，至少连续两期都有菲律宾青年学者参加。期待今后有更多的类似交流纽带。对中国这样一个崛起中的大国来说，外界的敌视常常源于不了解，知华才是友华、亲华的前提。考虑到两国关系仍有可能发生变动，南海争端远未解决，培养菲律宾的知华派是一项长远的战略考虑与“投资”，千万不能被忽视与耽搁。当然，知华并不必定友华，不排除有那种越了解中国、越对华不友好的可能性。友好还是敌视，可能更多取决于中国自身是否具有亲和力以及周边的秩序观。但不管如何，当前中国应该也只能将与他国的关系建立在了解而不是隔阂的基础之上。作为一个开放的国度，应该有这样一种自信与胸怀。

三、培养自己的知菲派

就像期待菲律宾有更多知华派一样，我期待中国也有更多的知菲派。不管你对菲律宾的倾向是什么，必须将政策建立在充分了解的基础之上。

坦白地说，中国的国际问题研究界并不重视菲律宾。据笔者所知，目前只有北大等很少学校开设有菲律宾语专业，有一些学者研究菲律宾，但主要是集中在语言、文化和华人华侨方面，研究其政治、安全与外交的少之又少，而且还主要分布在华南一些省市。在国际关系研究的重镇北京与上海，极少看到有研究菲律宾政治、安全与外交的学者。如果说菲律宾对中国所知不多的话，那么中国对菲律宾了解得更少。

很惭愧的是，作为泱泱大国的中国不重视菲律宾，反而是更不发达的菲律宾在帮忙中国培养研究菲律宾的学者。2015 年 8 月，菲律宾大学亚洲中心巴维尔娅教授组织了一个专门面向中国青年学者的菲律宾研讨班。大概有十多名来自广东、广西

菲律宾大学举办的中国青年学者菲律宾研讨班

等地的中国学者参加，我当时正在菲大访学，也参加了这个研讨班的学习。开班的第一天，菲律宾大学的校长、副校长专门宴请了中国学者。研讨班的具体形式是，组织十多位菲律宾的教授、学者，就菲律宾的历史、社会、经济、政治、外交等方面进行系统的讲授，然后与中国学者进行讨论。在紧凑的研讨班行程中，还专门安排了前往菲律宾众议院参观。在最后一天，则与菲律宾中国研究协会联合举办了一个圆桌讨论，中菲学者就双边关系交流了意见。

当然，菲方这样的活动离不开华裔商人的大力推动。这次研讨班的活动就是在著名华商、上好佳荣誉董事长施恭旗先生的赞助下进行的，研讨班结束的那天，施先生还特意与当地几位华商、前大使与前政府高官一起，宴请了全体中国学者。据说，施恭旗每年都会组织一些菲律宾学者去中国考察、访问。当然，他最主要的贡献或许还是通过对中国的直接投资增强了两国间的经济联系，目前，上好佳已成为家喻户晓的品牌。为此，2015 年，菲律宾众议院还特别通过一项决议，表扬他为加强菲律宾与中国的关系所做出的贡献。他也被阿基诺、杜特尔特两届政府连续任命为中国事务特使。

不管菲律宾基于什么样的理由加强对中国的研究，中国的菲律宾研究必须大力加强。要做到这一点，我以为首先要抛弃的就是一些人身上自觉或不自觉的大国傲慢习气，如果总以为小国不重要、没有什么值得研究，那么就永远不会真正了解我们的邻居，也不可能取信于我们的邻居。目前，中国研究美国、日本、俄罗斯这样的大国的人太多，而能够专门致力于小国研究的人太少，出国也不愿意到国际社会中的“老、少、边、穷”国家去。此种心态不改，小国研究不可能真正兴盛。第二是要抛弃那种大而化之的研究方法。许多国际关系学者还是不注重调查研究，不愿意深入了解对象国的历史、社会、文化，不愿意做扎实的实证工作，而喜欢通过一些普遍化的规律甚至是主观臆断来判断对象国的政策动向，这样肯定得不出经得起考验的结论。

我们总是批判美国傲慢，但在了解小国方面，美国可能做得还是比我们好不少。笔者之前曾涉猎过一些非洲研究，对西撒哈拉问题有所关注。西撒哈拉目前为摩洛哥所控制，但流亡的西撒政治组织以及难民要求独立。对此问题，国内没有一本专著，也很少有文章。但我在查阅国外资料时，却发现了不少扎实的英文专著。但那里并不是美国政府关注的战略性地区。

傲慢是心中的魔鬼，中国不需要，也不能要。

中国文化走出去：菲律宾见闻录

随着孔子学院在全球遍地开花，文化走出去几乎已经成为我国的一个国策。由于各国情况不同，效果肯定不一，菲律宾只是其中的一个侧影。但由此得出的一些启示，或许对于我们更好地对外推广文化，还是具有一定的借鉴意义。

一、为什么要文化走出去？

在菲律宾，除了马尼拉的唐人街之外，随处可见许多中国文化元素。街头随处可见的 Chowking 快餐连锁店，其招牌上赫然写着两个中国字“超群”。笔者到过菲律宾中部的巴科洛德、北部的碧瑶和南部达沃，那里都有天主教或基督教的华人教会，以及浓郁中国风格的寺庙。特别是寺庙，里面的内外门联以及各种说明绝大部分用中文书写，只怕菲律宾人进去了反倒会油然而生地处异国他乡之感。甚至在菲律宾的农民家里，笔者也曾发现许多中国风格的装饰挂件，以及中国生产的影视碟片（当然里面更多的是美国电影）。许多人家里用的挂历，也清楚地分别标明了公历与中国农历日期，据说是当地的商店

碧瑶寺庙中的佛像

作为礼品赠送的。

但是，也仅此而已。能反映一个国家及其民族文化基本面的东西，基本上与中国无关。如菲律宾的宗教，是西班牙传过来的天主教。教育制度甚至语言，则打上了深深的美国烙印。例如，尽管菲律宾语是国语，但英语的运用要更加广泛。主流报纸、政府标识、街道名称等均用英文。菲律宾人的姓名，则更多的是西班牙名字和美国名字的混合，往往是取一个西班牙的姓，取一个美国的名。有人说，菲律宾饮食文化受中国影响。可能其中有不少中国元素，如酱油的广泛使用，豆腐也很流行。但从他们用勺子和叉子就餐（我总觉得筷子才是中华饮食文化的精髓所在）、更喜欢喝咖啡而非茶饮来看，其实其饮

西班牙殖民时期留下来的教堂到处可见

食也说不上有多么中国。

当前中国正在大力推动文化走出去。但是，一个前提性的问题或许应该问一问：我们为什么要推动文化走出去呢？决策者想到的可能是借此推动中国形象的改善、提升中国的软实力，文化从业人员可能希望看到的是本国优秀文化能够被其他国家与人民所欣赏、借鉴甚至内化，而普通民众则可能只是乐见自己祖宗的文化被人肯定。至少有一点，如果中国文化中的一个载体——中文——能够被世界广为接受甚至应用，以后咱们中国人出国交流也方便多了吧！之所以有此问，是希望中国的文化走出去能够回归初心，认认真真体现上述目的，而不是变成求快、求数量，与文化走出去的初衷背道而驰。

任何一种文化都想扩充自己的影响力，最终的结果是使其他人模仿乃至内化，至少也是得到其他人的了解与肯定。这其实也是普遍真理，并不必避讳。关键是强调文化输出必须是一个以德服人、悦者自取的过程，所以，关于中国文化走出去，我想有三个层次：首先是当地人民对中国文化的了解与认知，然后是赞赏与肯定，最后是模仿与内化。

当前国家之间的竞争不但是实力间的竞争，更深层次的是文化间的竞争。由于国家、民族、文化的天然多样性，只要文化间的竞争以一种和平、开放的方式进行，其结果就必定是文化多元共存，并通过相互交流取长补短。所以，在当前这个西方文化主导天下的时代，要使世界文化变得更加多元、丰富，包括中国在内的非西方文化走出去就变得更为必要。

二、我们有什么文化走出去？

解决了为什么要走出去的问题，接下来要问的是：我们有什么样的文化可以走出去？从广义的文化来看，大致可以包括政治制度与意识形态、社会伦理与道德、包括饮食和服饰在内的生活习俗，等等。在这些方面，没有任何一个国家是绝对完善的，这也就为汲取其他国家的文化提供了某种必要性与正当性。

相对于其他国家或文化而言，我们文化的优势或劣势在哪里？

就菲律宾的情况而言，它在政治制度与意识形态上基本移植美国并且已经定型，但笔者觉得中国传统文化中有一个可能恰是当前菲律宾政治所需要的，那就是责任。这种责任政治不同于那种更多通过具体的制度形式体现出来的选票政治和问责政治，而是强调政治家自身对天命、人心的敬畏，对历史的认识与担当等。任何制度化的政治设计都不可能尽善尽美，因此需要这些文化层面的东西作为基础与补充。例如，美国首任总统华盛顿之所以选择两任之后退位，主要是出于内心的责任感而非制度设计。而在中国漫长的封建专制历史长河中，也涌现过有良知、有担当、有功绩的政治家，不能不说与驱动他们的内在儒家责任感有关。

所以，对任何一个政治家来说，应该既需要来自有形的、自外而内的问责政治的物质化约束，也需要无形的、自内而外的精神化追求。这种精神化追求是目前中国与菲律宾都需要的。对中国来说，所幸的是，传统文化中这一资源尚在，目前是要在进行制度建设、加强物质约束的同时，也大力挖掘这一精神遗产，使之从精神遗产变成现实中的存在，同时作为对外文化输出的重要内容。

在社会伦理与道德方面，中国有不好的东西，如关系文化、追求功利与实用主义等，但至少中国人有一点是菲律宾人所缺少的，那就是不断进取的工作伦理。有些华人认为菲律宾人比较懒散，而菲律宾华裔传统文化中心的洪玉华女士则强调菲律宾人其实同样很勤劳，每天早上送报纸、打扫卫生和开吉普尼的其实全是菲律宾人。我认为，这两者都对，关键在于菲律宾人乐天知命，注重享受生活，不追求更多的东西。所以，当他们不得不为了基本生活需要而奔忙时，他们通常是勤劳的。但对于已超出基本所需的东西，他们就很可能抱着无所谓的态度（也就是中国人眼里的所谓懒散了）。对于个体而言，这种生活哲学其实颇为达观。但对于整个社会而言，则不免因此而使整体缺乏发展的动力。相对而言，中国文化则更为强调一种进取精神，尽管这种精神在很多时候以财富、地位这样的世俗标准体现出来，但它在推动社会不断发展方面确实功不可没。华人以不到 2% 的人口比例，却能够掌握菲律宾经济很大一部分，与这种不同于当地菲裔的工作与生活伦理是密切相关的。菲律宾的经济与整体发展在过去二十多年中已经被许多东亚国家与地区抛在后面，其未来迫切需要这种整体向上的进取精神。

三、中国文化何以走出去？

中国文化走出去，我想途径无非以下几种：一是语言，二是宗教，三是商品，四就是人本身。以上四种都是有文化的载体，他们的对外流动必然带动文化的对外传播。

以语言推动文化传播者，美国是最突出的例子。英语得到广泛使用并成为事实上的世界语，其他语言很难替代英语的地位。特别是，汉字与世界上多数文字截然相异，增加了汉语的学习难度与可接受性。甚至有菲律宾朋友向笔者抱怨，汉语比日语还难学。当前，中国正在大力推动的孔子学院采取的就是以语言传播文化的路径。笔者曾有机会探访设在大马尼亚马卡蒂市的雅典耀大学孔子学院，这是菲律宾第一所孔子学院。总的来说，这所孔子学院是办得成功的。来上课的多数是那些在职业上对中文有需要的商业人士，还有常驻马尼拉的外交官员，甚至总统府也请孔子学院的老师去授课。时任中方院长刘小芳女士给我展示了一本画集，上面有阿基诺三世总统的序言，更重要的是学员绘画很出色，让人不敢相信这是菲律宾人

雅典耀大学孔子学院内景

的作品。随着中国的国际地位进一步提高，相信学中文的人数还会进一步增加。但是，考虑到上面提到的现实，要使汉语取代英语成为世界语是很难的，因此，语言只能成为传播中国文化的辅助而非主要途径。

至于宗教，可能能够成为中国文化传播途径的是佛教。尽管它也非中国本土产物，但经过上千年的中国化，事实上已成为中国文化不可分割的一部分。佛教是强调和平与宽容的宗教，这在各种社会冲突、国家间冲突层出不穷的当今世界是极为需要的。包括菲律宾，其南部叛乱问题之所以长期得不到解决，根本原因还是在于宗教隔阂。但佛教的问题在于，它的宽容限制了它的传教动力，而它过于抽象的教义、繁杂的经典，以及缺乏在世俗社会中扎根的组织化形式，都使得它很难在普通大众中迅速传播。在菲律宾，除了部分华人外，佛教很难有扩展空间。事实上，尽管在华人聚居的地方也会发现寺庙，但许多华人同时也会是基督徒或天主教徒。非华人成为佛教徒的，可能有但一定很少，至少笔者没有见到过。

对于中国来说，最重要但也最没有用好的还是后两个途径：商品与人。中国制造的商品无处不在，而中国作为世界上第一移民大国，华人也无处不在。如果能够把这两者用好，中国文化会得到有效传播。目前的问题是，这两种路径远没有体现中国文化属性。

与文化联系最紧密的商品是影视作品。中国影星成龙在菲律宾非常著名，古装电视剧甚至是娱乐节目也很符合菲律宾人的口味。笔者的一位华人朋友告诉我，他的菲律宾妻子最喜欢看的是湖南台的《快乐大本营》。每当这个时候，他就“痛苦不堪”，因为是直接接收湖南卫视的信号，他妻子又不懂中文，只能让他担任翻译角色。笔者2015年在菲律宾访学时，住在菲律宾大学的公寓里面，经常看到楼下大厅有保安看电视。有次，发现电视里正在播放孙红雷主演的《战国》，讲的是中文，只是添加了英文字幕。但电视不大，字幕又小，估计那几个菲律宾观众看得颇为辛苦。总的来看，菲律宾社会的一个特点是开放，不排外，如果中国能够在影视作品推广方面下些功夫，是很有利于中国文化走进菲律宾的。

拿有形的商品来说，且不说那些本身与文化相关的装饰品、艺术品，就是那些现代化、标准化的工业产品，如果制造者有心，事实上都可以被赋予中国元素，如外形、包装、用色、内涵等。但问题是，依笔者在菲律宾所见，即使是有中国文化内涵的产品，如玉器挂件、日历、小饰品，上面的文化说明也是远远不够的，那些菲律宾购买者往往都不知道其所代表的含义，甚至不知道那属于中国文化。这可能是因为，那些生产者只是将自我定义为利润的赚取者而非文化的传播者，在产品中赋予或宣传文化元素可能从来不是其考虑的内容。这就需要提高生产者的文化自觉以及政府在这方面有意识地鼓励和提倡。

另外一个问题是产品质量，商品要成为中国文化的载体，首先得要保证其质量。如果质量不佳，很难想象它所附着的文化会受到消费者的认同。而中国商品多在以价格取胜的情况下，质量很可能就成了一个牺牲品。2015 年，笔者在外突遇暴雨，临时买了一把伞，上面赫然印着“精品洋伞”四个中文字。但用了一次，伞面一处就脱离了伞架。廉价可能是推动中国商品走向世界的重要优势，但如果牺牲了质量，事实上也就牺牲了这种商品所代表的生活方式与文化精神。看到来自中国的劣质商品，我想国外消费者的脑海中一定不可能出现一个美好的中国形象吧！这个时候，无处不在的商品就成了中国文化软实力的负资产。

类似的问题是人。中国传统文化强调以修身为本，每一个体不但是文化的载体，更可以成为一种文化的辐射源。对中国来说，有一种幸运的可能是：在数以亿计[①]的中国人不间断地走向世界的当下，试想，如果每个中国人都传递出一份中国文化的正能量，世界对中国的认识将改变多少？但不无遗憾的一个事实是，我们不得不躬身自问：从数量众多的游客，到求学海外的学子，再到移民海外的富豪，有多少能够成为这样的优秀文化载体与辐射源？

① 据中国旅游研究院发布的《2018 年度中国出境旅游发展报告》显示，2017 年中国出境旅游市场达到 1.31 亿人次，我国正式开展组团业务的出境旅游目的地国家（地区）已达到 129 个。

非常遗憾的是，2019 年初就发生了这么一起事件。一名 23 岁的中国女留学生在早上乘电车时，被安检人员拦下，请她在进入电车前将携带的豆花处理掉，因为车站内禁止携带瓶装或其他形式的液体。她拒绝服从，与安检人员发生争执，一气之下将豆花泼向安检人员。此事件在菲律宾社会引起轩然大波，一些菲律宾反华人士趁机大做文章。副总统林妮·罗布雷多甚至上纲上线地表示：她不尊重的不只是警察，更是这个国家。政治人士对此事件的自私利用固然值得批评，但类似低素质的行为确实应该谴责。联想到在媒体上时常能看到有关中国游客在世界各地负面形象的报道，想想实在令人汗颜。如果不能建设和使用好这些无处不在的"文化辐射源"，可能是中国文化走出去战略中的最大损失，甚至是隐患。"豆花女"事件引起的波澜，就是一个现实的例子。

那些久居海外的华裔，传统文化或许保存得更多些。但也要承认，传统移民多是底层求生的民众。中国传统社会与文化事实上分为两层，上层是儒家文化，作为整个社会的顶尖与统领；而底层主要是一种商业文化甚至是江湖文化。这或许也可以说明，为什么中国人到了海外在商业领域往往很成功，但在政治、文化领域建树甚少。这种情况在菲律宾非常突出，我所见到的华裔多以经商为主，学术界人士也有但不多。"政"与"学"在传统中国文化中都属于士阶层，也是儒家文化所极力追求的。华裔之所以在菲律宾出现这种现象，更重要的原因可能是当地社会政治对华人的疑忌，但是不是也部分与中国输出的主要是商业文化而非儒家文化有关呢？这个问题是值得思考的。

笔者的总体感受是，中国文化走出去还未达到使人“了解与认知”这一浅层次目标，更谈不上“赞赏与肯定”“模仿与内化”了。之所以如此，其中既有中外文化差异的原因，也与上面所提到的途径利用不够有关。目前来看，对中国来说，短期内达到“模仿与内化”这个第三层次是不现实的，而应该以第二层次“赞赏与肯定”为最主要目标，即让世界在了解的基础上能够基本“赞赏与肯定”中华文化。要做到这一点，既需要在国内正本清源，大力复兴并与时俱进地更新传统文化，又需要利用好我们所能够利用的途径，特别是商品和人，使中国文化的优秀内涵能够传递到世界各地。

上海社科院的达沃“情缘”

2016 年快到年底的某一天，笔者正在韩国访学，接到所在单位上海社会科学院国际合作处的通知，要我准备 2017 年春节后参加赴菲律宾的访问。当时离结束在菲律宾的访学已有近一年，也想借机了解一下菲律宾与中菲关系的最新情况，自然很乐意参加。后来得知，时任上海社科院院长王战教授拟率团访问菲律宾、老挝和柬埔寨三国，考察中国与这三个国家的“一带一路”合作情况。因为我院去过菲律宾的学者也很少，得知我曾在那里访学，国际合作处便安排我作为代表团中的一员。

一、为什么对达沃“情有独钟”？

正是 2017 年初的这次访问，开启了上海社科院与达沃的一段“情缘”。代表团成员包括上海社科院院长王战教授、应用经济研究所所长杨建文研究员、经济研究所副所长沈桂龙研究员、国际合作处处长吴雪明博士和项目合作官邹祎女士，以及笔者。当时一连访问三个国家，虽然菲律宾安排时间最多，但也只有短短三天多时间，仅先后到访了马尼拉与达沃。之所以把达沃加进行程，是因为考虑到当时杜特尔特已经当选，作为其家乡与政治基地的达沃市开始成为新的中资关注点。

在紧凑的行程里，我记得代表团当时在马尼拉拜访了中国驻菲大使馆，赵鉴华大使为我们介绍了中菲关系转圜的情况。之前虽然在菲律宾访问半年，也曾到大使馆拜会政治处相关负责人并参加大使馆举办的国庆招待会，但当面听赵大使讲中菲关系的故事还是第一次。听了之后深感中菲关系转圜之不易，也对赵大使体现出来的见识深感佩服。此行也加深了我的一个感受，即对中国外交与外交官的评价不能只凭公开信息与表面印象。由于工作特性与纪律要求，外交官有许多话不能公开说，有许多事不能公开讲，虽然肯定有缺失，但其中的艰辛与成绩也往往不为外界所知，从而易为人误解。

除了拜会大使之外，代表团还和即将到中国上任的菲律宾驻华大使桑塔罗马纳先生一起晚餐，双方就中资企业赴菲律宾投资的情况进行了交流；接受菲律宾总统中国事务特使施恭旗先生的宴请；另外还与菲律宾一些政商界人士就中菲经济关系举行了一场圆桌讨论。在邀请单位亚太协进会（APPFI）——菲律宾大学亚洲中心巴维尔娅教授担任这个学术组织的主席——的联系下，达沃雅典耀大学为我们安排了活动。在达沃，代表团与达沃雅典耀大学的学者座谈、参观了港口、拜访了市政府，王战院长还在市议会发表了演讲，向达沃市议会主

上海社科院代表团与赵鉴华大使合影

席、议员们介绍了上海社科院以及他对上海市与达沃市的合作交流方面的看法。

正是在这次访问中，王战院长向达沃雅典耀大学方面提出了一个设想：能否双方合作，共同就达沃市未来的经济发展开展研究，并向市政府提交研究报告？如果合作方研究经费不足，中方愿意提供一定的研究经费。在当时的几天访问中，王院长已深切地感受到：尽管杜特尔特政府奉行友好的对华政策，但菲律宾政治多变，而且总统只有一个任期，这使得中菲关系和中企的对菲投资易受总统更替的影响。但作为杜特尔特家族的巩固政治基地，达沃可以成为中菲关系中的一个长期合作点。而且，达沃虽然地处并不太平的棉兰老岛，但该市在杜特尔特的长期治理下，本身是十分安全的。中方如果能够对达沃市的经济发展现状与未来进行详细研究，一方面可以为达沃市政府提供帮助，另一方面能够为中资企业赴达沃投资提供参考，是一项双赢的事业。

二、合作双方的你来我往

达沃雅典耀大学对这一提议十分欢迎，并将此事向达沃市政府汇报，三方就此达成合作研究的共识。上海社科院代表团访问回来后，院国际合作处一直与达沃雅典耀大学保持紧密联系，开始推进研究团队组建、起草三方协议的工作。在工作推进的过程中，上海社科院还与中国国际经济交流中心上海分中心（王战教授后卸任上海社科院院长，转任上海市社会科学界联合会主席，同时担任中国国际经济交流中心上海分中心理事长）一起，邀请达沃市政府与达沃雅典耀大学联合组成的代表团访问上海。在沪期间，达沃代表团除了与我院学者座谈之外，还在我院安排下参观了洋山港、上海城市规划馆，走访了浦东、松江和杨浦等区。在访问快结束阶段与中方研究团队举行的联合会议上，达沃代表团介绍了他们的设想。尽管达沃在中国人看来是发展水平仅相当于一个县城的中小城市，但他们传达出来的主导理念却是绿色、可持续发展，强调环境保护，优先发展农业及农业加工、旅游等。看得出来，他们的理念比较超前，但能否满足达沃市的发展需要呢？特别是要赶上先进城市发展水平呢？对此，笔者一直是有疑问的。

达沃代表团在上海访问
（本照片系邹祎女士提供）

上海社科院最终组成了由来自世界经济研究所、经济研究所、城市与人口研究所等单位研究人员构成的跨所研究团队，由世界经济研究所的苏宁博士领衔，城市与人口研究所副所长屠启宇研究员担任顾问。屠、苏一直从事城市研究，前者还承担了一个国家社科基金重大项目，主题就是有关“一带一路”支点城市研究的，马尼拉和达沃都在其研究范围中，参加这个研究再合适不过。我的专业与经济无关，插不上手，但由于一直关注菲律宾，便与国际合作处的邹祎女士一起做些组织、服务工作。

2019 年 3 月，由上述研究团队组成的上海社科院代表团再次赴菲调研。为了对菲律宾的整体经济发展情况有一个了解，课题组一行在马尼拉拜访了中国驻菲律宾大使馆经济商务处，并在亚太协进会的安排下邀请了世界银行棉兰老岛项目专家Fermin Adriano和研究团队座谈。在达沃，达沃雅典耀大学和达沃市政府为我们的调研做了很好的安排。市行政官（这个职务类似于中国的市委秘书长）Zuleika Lopez女士会见了中方研究团队，并安排研究团队与市政府各部门负责人一起联合座谈，请他们介绍达沃市经济发展、社会治安方面的情况。另外，中方研究团队还与达沃各大学的学者进行了集体讨论，就课题研究设想征求了他们的意见。我们还参观了相关港口设施、农场，拜访了当地商会和中国驻达沃总领馆。总领馆去年

上海社科院代表团与达沃市政官等政府官员合影

刚刚开馆，是中菲关系新发展形势的新成果。领馆租用了当地一个小酒店，这是一个独栋小楼。改建之后，在达沃市有点脏破的环境中，倒是显得很雅致。黎林总领事对我们的研究寄予厚望，说这是达沃与中方的第一个智库合作项目，还希望中方团队能够随时与总领馆分享成果。

一番调研、接触下来，上海社科院研究团队逐步了解了达沃的实地情况，也调整了相关研究思路。中国的国情与菲律宾完全不同，上海与达沃也完全不是一个等量级的城市，中国和上海的经验与模式未必能够应用于达沃。这次我们也去了达沃的一个码头，在被码头设施所包围的一个区域就是民宅，严重影响到码头发展。但达沃许多码头都是私人所有，要拆迁、扩建也很难。不但达沃，在整个菲律宾都是如此。由于土地私有与政府的弱势，要进行大规模的征地拆迁搞基础设施建设和工业园建设举步维艰。因此，如何基于当地的国情与市情，在立足于当地的优势资源与产业的同时提升发展水平，就成为一件相当有挑战的事情。

目前，这个合作项目还在继续推进之中。上海社科院的研究团队正在根据调研成果，争取完成有关达沃经济发展战略的咨询报告，国内的相关企业也对我们的研究表示了浓厚的兴趣，因为我们去获得的第一手信息正是他们所需要的。对于达沃市政府来说，我们不敢奢望最终的研究报告会对他们的经济发展起到什么重要作用。但作为一份由上海学者根据中国经验与达沃实践完成的一份报告，我相信至少对于他们会有所参考与启发，对拓展达沃的发展思路与发展政策选择有所帮助。

而对上海社科院来说，这一合作也突破了以前那种出访完毕交一份报告就了事的调研模式，而是以我们的学者和研究成果为媒介，介入到了中菲经济交往与城市交往之中，并为中菲关系的巩固做了一点小小的贡献。2015 年，上海社科院被中宣部确定为首批 25 家国家高端智库试点单位之一，拓展国际合作一直是建设高端智库的重点内容。特别是在推进“一带一路”建设的大背景下，智库不像企业那样有资金，也不像政府可以代表一国或一地，我们能够做的就是凭借自己相对超脱的地位（不像企业那样以效益为导向）和充沛的智力资源，成为中国与对象国之间的无形纽带。

至于我个人，更是荣幸能够成为这根纽带上的一根纤维。

三

行走散记

马尼拉点滴*

马尼拉是菲律宾最主要的城市，整个大马尼拉地区的人口超过了两千万，占全国人口的五分之一还多。在菲律宾人看来，国家其实只有两部分：马尼拉地区与外省。从某种意义上讲，马尼拉算不上典型的菲律宾城市。大多数菲律宾城市普遍很小，作为第二、第三城市的宿务和达沃都只有一百来万人，其城市风貌与马尼拉也截然两样。但马尼拉又是菲律宾精华，是其政治、经济、文化的中心，多数历史也在这里上演。要绕开马尼拉谈菲律宾，大概是不可能的。当然，本文只是从一个个人的视角谈有关马尼拉的点滴。马尼拉是我 2015 年访学期间居住得最久的地方，闲时也喜欢到城中各处探访。后来去菲律宾时，也必到马尼拉。这里只不过是我积累了一些见闻与思考的点点滴滴。

一、中国人安全吗？

前几年中非关系紧张时，许多人去菲律宾前的第一感觉可

---

* 注：本文部分内容曾发表于《环球》，2015 年第 22 期，收入本书时有修改、补充。

能是：安全吗？即使是现在，可能有人在赴菲前也还是有治安方面的担心。

记得 2015 年赴菲访学，当飞机降落在马尼拉尼诺伊·阿基诺国际机场的那一刹那，我心中未免有点惴惴不安，因为在国内得到的媒体信息，不是当地华人被绑架，就是有中国游客被枪杀。在出国之前，当有朋友得知我去菲律宾访学，也多表示安全上的关切，让本来无忧的我也不由得暗自担心。收拾行李时也把随身携带的一些零钱分放数处，以免一处被抢还有另一处备用。我抵达机场时仍是凌晨，天都未放亮，我就在出口大厅里等了一个多小时，直到看到清晨阳光开始从门外照进来，才出去找出租车去目的地：菲律宾大学。凌晨人少，有专门的保安负责登记打车人的目的地，一式三联的材料，司机、乘客和保安各一份，大概也是为了安全起见。

对外国人来说，谨慎总是没错的。马尼拉算不上一个很安全的城市，美国国务院下属的海外安全顾问委员会曾于 2014 年发布报告称，犯罪是菲律宾城市的重要关切，偷窃、身体攻击和抢劫是最为常见的犯罪。我在马尼拉住下后，发现无论是商场、超市，还是写字楼，总有一个值勤的保安要求你开包检查，手持一根棍子（很奇怪的装备）在里面探来探去。地铁入口除了保安外，则还有一道安检门“伺候”。笔者 2015 年在菲律宾住了六个月，一个大男人到处逛，倒没有碰到什么安全问题。我还经常去唐人街，一般是坐轻轨到一个邻近唐人街的站下，再走路过去。后来有菲律宾朋友听了咋舌，说那里是治安最不好的地区之一。但最后自己还是有了一次“不幸”的治安经历。大概是在来菲律宾三个月后，时值暑假，妻子与女儿前来探望，带她们往市内游览。在走过菲律宾国家博物馆旁的一个街道时，有一个人蹲在路边吃什么东西。当时也没留意，我在前面、妻女在后走过去，突然听到我妻子一声惊呼，她脖子上的项链被那个人拽走了。等我们回过神来，那个人早已越过马路，跑得无影无踪。

商场门口的保安

作为一个贫富分化严重、存在大量贫民群体而又政府治理效率比较低下的国家，出现治安问题毫不奇怪。许多穷人没有工作，就在街上晃荡，其中不出些抢劫、偷盗犯才怪呢。抢我妻子项链的人，估计就是这种情况。华人作为菲律宾比较富裕的一个群体，受此影响的比率自然更高于其他群体。事实上，大概 20 世纪 90 年代的时候，曾出现过集中的绑架华人案，还导致许多华人移民到其他国家。后来经过华人社区的呼吁、向政府施压，情况才有所好转。

当前菲律宾的绑架案，除了前述绑架富裕华人勒索求财的之外，主要是以下两类：第一，被恐怖主义组织所绑架。在菲律宾南部，常年存在一些从叛乱势力中分裂出来的极端主义团伙，其中以阿布沙耶夫组织最为臭名昭著。他们固然有意识形态的目的，但近年来更是逐渐沦为绑架求财的犯罪集团。他们甚至窜到邻境的马来西亚沙巴地区活动，2014 年一名上海女游客就是在那里被他们所绑架。如果游客能够避开这些不安全的地区（主要是菲律宾棉兰老岛），基本上不会受这类绑架的影响。

第二类是发生在大城市特别是马尼拉地区的涉赌绑架案。在菲律宾，赌场是合法的（但只对外国人开放，菲律宾公民不准入内），不少中国人好赌，因此成为赌场的常客。2015 年时，当地侨社一位活跃人士就曾向笔者指出，一些所谓的绑架案是中国公民来马尼拉赌博，在欠下赌博债后被债权人"留置"。近两三年中菲关系转暖，赴菲中国游客人数增加，发生此类事件的概率也自然增加。2019 年，就有当地华文媒体报道了一起这样的事件：一名华裔澳大利亚籍男子被四名中国籍男子绑架，因为前者赌博欠下高利贷。嫌疑人要求被绑男子的家人支付 20 万元人民币的赎金，否则就要砍掉其一根手指。

一份菲国警反绑架大队（AKG）的报告印证了上述情况。该报告指称：菲律宾 2018 年的绑架事件比 2017 年增加了约 3%，共有 69 名菲律宾人及外国人被绑架。在受害人中，有 27

名外国人及42名菲律宾人，被绑架的外国人又以中国人最多，达18人，另外有4名印度尼西亚人及2名印度人，其余是尼日利亚、日本及马来西亚各一人。在这些被绑者中，大部分人是在棉兰老岛被极端主义团伙阿布沙耶夫及摩洛国伊斯兰自由战士（BIFF）绑架。另一种绑架案则是有的人在赌场借了高利贷后无法偿还，被放高利贷团伙绑架。

可见，作为中国人，如果在菲律宾不去叛乱势力活动较多的南部地区，也不去赌场酒吧等治安复杂的场所，还是不必过于担心安全问题的。菲律宾像美国一样，人们可以合法持枪，甚至不时有所谓政治杀戮的事件发生。但这主要针对那些参选的政客或是活跃的批判政治的人士，外国游客是不必担心的。外国游客或许应该注意的是一种媒体时常有报道的情况，即有菲律宾人热情地与外国游客搭讪，然后借机下药麻醉游客并洗劫其钱财。但这些犯罪行为无关中菲关系，也并非专门针对中国人。总的看，在马尼拉等城市，中国游客只要注意不露财，不去偏僻的地方，不轻易与陌生人混在一起，治安并不是一个大问题。

二、复合的现实、历史与文化

同在一座城，你既可以发现像上海浦东那样的高楼大厦，也可以发现在不少第三世界国家常见的贫民窟，这种复合现实集于一身的地方，就是大马尼拉地区。由于菲律宾贫富差距大，构成大马尼拉地区的各市发展与治理水平不一，如果你行走在大马尼拉地区，就会发现许多截然不同的街景。在许多地方，充斥着低矮的棚屋，有的甚至依水而建，道路两旁杂乱不已，充满着灰尘，载客的三轮车与街上的吉普尼混杂在一起穿梭。但如果你到了马卡蒂——整个大马尼拉甚至是整个菲律宾的金融和商业中心，场景马上切换到整洁的绿化、有序的街道和聚集的高楼，很让你怀疑是不是在一个城市。谈到马卡蒂，就不能不谈在菲律宾著名的比奈家族。杰约马尔·比奈是阿基诺时期的副总统，他自1986年担任马卡蒂市的执行市长开始，就开始把这里变成他的家族政治地盘，

马卡蒂市街景

对城市的经营也不遗余力。笔者碰到的一些人，都对比奈的执政能力有正面的评价。其家族之所以能够在选举中长期保持对马卡蒂的控制，与比奈在这里的施政业绩是分不开的。2016年总统大选时，比奈一度呼声很高，但始终被贪腐丑闻困扰，最终未能如愿。

不论发展水平高低，在大马尼拉的各处都会发现许多散发着浓厚历史气息的教堂。它们外表看起来高大宏伟，里面的装饰也富丽堂皇。当然也有风格比较简单一点的，但也十分大气，充分体现出天主教的那种庄严、肃穆。一些教堂是陈砖旧瓦，一眼就可以看出有数百年的历史。也有不少毁于“二战”时的战火（如马尼拉大教堂），但后来得到了很好的重建，重新散发出磅礴的气势。

笔者闲时“逛街”（真正的逛街，与购物无关），很喜欢走进这些教堂。不是因为笔者信教，而是因为这些教堂随时敞开大门（位于王城的圣奥古斯丁教堂例外，因为它里面同时也是奥古斯丁博物馆，需要购票进入），不但可以走进去小憩，更可以同时欣赏里面的历史与文化。更重要的是，在天主教堂里不会有人找你传教，新教就不一样。菲律宾大学里面有一个新教教堂，笔者在门口立了一会儿，就有一位教友来热情地邀请我参加他们的活动，但结果是下次我就只愿从门口匆匆走过了。从这个方面看，我还是喜欢天主教堂的那种淡然态度，大门敞开，任你进出。当你坐在教堂长凳上休息时，看着来来往往的人流，进来时他们往往都会在入口旁立柱的水盆里用手沾水，划上一个十字，然后默默地坐下甚至跪下祈祷，心中的肃穆感也油然而生。

可以说，这些历史建筑的很好保存得益于菲律宾人的虔诚宗教信仰。固然菲律宾也有新教，但多数还是天主教，而历史更为悠久的天主教总是与这些神圣高大的建筑物联系在一起的。由此想到历史与现实的一个悖论，这些建筑物在当时一定劳民伤财，但对后世却是宝贵的历史遗产。特别是对自身历史本不悠久的菲律宾来说，到处可见的天主教堂为他们增加了本不多的历史与文化气息。这些教堂在历史上是外来物，但现在已成为菲律宾本土社会与文化的一部分。菲律宾人的开放性与

位于马尼拉王城内的圣地亚哥堡

对历史的态度促使他们去保存不同的历史与不同的文化，无论是本土的，还是外来的，最后可能就成了菲律宾基因的一部分。复合的历史，促成了菲律宾今日的复合文化。这种历史保存的集大成就是位于马尼拉的王城（当地称之为 Intramuros，这个词是西班牙语，意为“众墙之内”）。这是西班牙时期的殖民者在菲律宾居住和统治的中心，“二战”时毁损严重，但后来得到重建。目前城内继续有人居住，但被当作一个整体保护下来。

当然，菲律宾人对历史是有自己态度的。笔者的感觉是，在现实生活中菲律宾人是偏右偏保守的，但在历史论述上却可能是偏左偏民族主义的。在王城北部，有一个圣地亚哥堡，是当年殖民者的军事重地。菲律宾国父黎刹曾被关押于此，并从此走上刑场。现在堡中特意把他从囚室走上刑场的足迹用铜印标出来，里面还有一个关于黎刹生平事迹、遗物的展馆，院子中间也立上了黎刹的雕像。对菲律宾人来说，尽管西班牙留下的殖民遗迹仍然存在，但他们要在里面注入菲律宾自己的精神。黎刹《我的诀别》一文被译成多种文字（甚至是盲文），被镌刻在圣地亚哥堡内的墙上，供人瞻仰与诵读。

美国人统治时期相对较近较短，没有从物质上留下太多的痕迹，一个可能的例外是许多市政建筑带有明显的美国风格。据说在马尼拉湾入口的科雷希多岛有不少“二战”遗迹，估计多与美国人有关，可惜未能前往一观。总的来说，菲律宾人对美国是感恩的。但在马尼拉的博物馆里，你会发现不少批判美国人的内容。例如，菲律宾的国家博物馆有不少艺术特别是绘画作品，就是典型反美的，反映的仍是美国帝国主义的形象，特别是批判美国对当年马科斯政权的支持。在位于大马尼拉马卡蒂市的私人博物馆——阿亚拉博物馆中，你会看到一系列反映历史场景的模型，其中有关美菲战争（1899—1902）的内容比有关西班牙殖民统治和日本“二战”占领的内容还要多。之所以如此，可能是受知识分子历史观的影响，而菲律宾知识分子与艺术家中左派是比较多的。在这个国度，知识分子的历史记忆与论述很可能不同于政府，也不同于普通老百姓，各种观点同处一炉，相安无事。

阿亚拉博物馆内反映美菲战争的展览

但总的来看，菲律宾人喜欢强调历史的积极面（无论是本民族的传统还是外来民族的有利影响），而选择淡化其消极面。历史上的不幸事件也会被纪念，但菲律宾人从来就不会过多地纠缠过去。所以，尽管“二战”时日本占领和侵略过菲律宾，但菲律宾人对日本的好感度仍然居高不下（这是中国人很不理解的一点），其中原因固然很多，但这种民族性是重要方面。

三、公共交通的“糟点”与“靓点”

大概在马尼拉生活过一段时间的人，没有不为交通状况而抱怨的。出租车起步价便宜，只有 40 比索（相当于不到 6 元人民币），但坐上去似乎永远“在路上”。一天中可能有半数时间属于高峰时间，正常十几分钟的车程往往需要一个多小时才能到达。特别是在雨季，常常在下班高峰时期来一阵暴雨，本来就已梗阻的道路因此而“痉挛”甚至出现局部“瘫痪”，傍晚下班夜里到家并非稀罕事。菲律宾媒体曾报道了一家网站的调查结果，菲律宾的交通状况名列全世界最糟糕的第五位，列在其前面的分别是埃及、南非、泰国和伊朗。

就交通设施而言，马尼拉也堪称落后。作为一个超过千万人口的超大城市，总共只有三条轻轨。车站电梯经常不开，很多时候，车厢空调似乎只有通风而没有制冷的功能。

马尼拉的轻轨

这可是在一个热带国家啊！于是，你可以看到毛巾、扇子是马尼拉出行的必备工具，在地铁里很多人都是在吹着“空调”的同时，还得扇着扇子，用毛巾擦汗。最让人惊异的是在两条轻轨线交叉的地方往往没有便捷的换乘设施，你必须得从这条线的站里出来，走到另一条线的站里乘车。老天保佑！你这两个站相差不远！

糟糕的交通首先得“归功”于政府在基础设施建设方面的低效与无所作为。中国北京、上海的交通也十分拥堵，但四通八达、舒适干净的地铁至少保障了普通老百姓能够准时、顺利到达多数地方。菲律宾如果要兴建更多的轻轨与道路，就势必要像中国一样拆建，但是，一种仍不成熟的民主制度阻碍了菲律宾在这方面的作为。选票政治决定了政府很难去拆除老百姓的住房。即使马尼拉的许多住房不过是违法搭建的简陋住宅，但住在那里面的人可是人人有一票。民主与效率的矛盾在基础设施建设方面体现得尤其明显。笔者曾与一位菲律宾朋友谈起上海有十几条地铁线，上海到北京的高铁时速达三百千米，她听了连连咋舌。菲律宾的另一个挑战是资金问题，基础设施建设所需要的大笔资金让政府囊中羞涩。尽管菲律宾这几年经济增长一直在 6% 左右，但对于依赖海外劳工和服务外包产业的国家，其所产生的经济效益仍远不足以支持基础设施建设方面的巨大投资。所以，要进行大规模的基础设施建设，就需要强有力的政府推动，以及必要的外部帮助。这在阿基诺政府时期是不可想象的，但杜特尔特政府正在通过“大建特建”计划企图有所改变。2019 年 2 月 27 日，在日本的帮助下，呼吁多年的大马尼拉地铁终于举行动工仪式。其造价达 2 270 亿，是菲律宾政府“大建特建”计划的旗舰项目。一旦建成，马尼拉的拥堵或有所改观。

独特的行政体制也加重了马尼拉的交通难题。外国人所说的马尼拉实际上是指大马尼拉都会区，它涵盖包括马尼拉在内的 17 个市。这些市彼此相连，实际上大马尼拉就是一个城市，它下面的市更像中国城市下辖的区，如上海的黄浦区、静安区、浦东新区等。但有一个重要不同的是，大马尼拉不是一级行政区，它没有选举的市长、市议会，只有一个大马尼拉发展署，其主席由总统任命。而构成它的市都有自己的民选市长、议会，城市治理的实权还是掌握在各个市而非大马尼拉发展署手里。碰上市政规划、交通管理等需要统一应对的问题，往往难以协调、各自为政，甚至不得不到了依靠总统府来管理大马尼拉交通的局面。当前，菲律宾已经有舆论呼吁设立真正的大马尼拉市，但这势必触及现构成各市的既得利益，要真正推进难上加难。为了解决交通拥堵问题，杜特尔特政府曾要求国会授予总统在项目建设方面的紧急权力，但也是求之而不得。

由于轻轨覆盖有限，多数人出行还是乘坐最有菲律宾特色的交通工具：吉普尼。这种交通工具原由美军吉普改装而来，后面加长的车厢里放上两列座椅，乘客靠窗相对而坐。车身被各种各样的图案所装饰，绚丽的色彩充分展现出菲律宾人的艺术天赋。车厢的后门是永远敞开的，随时准备停下来吸纳它的乘客。从某种意义上讲，穿行于大街小巷的五花八门的吉普尼已不只是马尼拉的交通工具，也成为它的文化符号。但是，在现代交通充分发达的今天，它已然落后：没有空调，车厢里拥挤不堪，排放量超标，整个马尼拉的街道上似乎都弥漫着它的尾气。在马尼拉，没有北京、上海常见的雾霾，向上看天仍是蓝的，但向下看地可能是灰的。正如前述，许多菲律宾人出行时常常带着一块毛巾，主要是用来擦汗，但估计也可以用来掩鼻，减少吸入身体的汽车尾气。杜特尔特政府上台后，曾计划用公共汽车取代吉普尼，但遭到广大吉普尼司机的抵制，结果也只能不了了之。

看来，马尼拉人至少在较长时期内注定要生活在交通拥堵之中。但是，行走在这个车辆喧嚣，交通不断让人产生挫败感的城市，菲律宾人却有一种外国人难以体会的淡定。面对主干道 EDSA 上的大堵车，他们会在社交媒体上调侃，自己又经历了一次人民力量革命（推翻马科斯和埃斯特拉达的人民革命力量运动都是在 EDSA 大道上演的，他们意在调侃现在的 EDSA 停着的车就和当时的人一样多）。最让笔者感佩的是菲律宾人在搭乘轻轨时候表现出来的公德意识。上班高峰期，排队的队伍常常延伸到车站以外，然后顺着街道蜿蜒开来，长达几百米也是正常事。然而，几乎所有人都是安安静静地排在那里，不需要人维持秩序，也没有人插队。类似的情况还经常可以在交

停靠在路边的吉普尼

通路口发现，即使没有红绿灯，一般车辆也不会像国内那样急匆匆地与行人抢道。如果你停下来，司机可能会隔着窗口挥手，示意你先走。

在糟糕的马尼拉交通中，这是一个值得中国人学习的“靓点”。

山间碧瑶

去碧瑶是2015年，当时刚到菲律宾不久，由于菲律宾大学亚洲中心的艾维女士知道我想了解菲律宾的风土人情，就告诉我可以参加她朋友组织的一次爬山活动。他们拟5月底去登菲律宾第三高峰普洛格山，路上会要经过著名的旅游胜地碧瑶。其实到了我这年纪，哪还有兴趣、精力和年轻人一起去这样旅游呢。但考虑到可以顺便碧瑶一游，便“老夫聊发少年狂”，满口答应下来。

一、路上山间

我们约定5月28日晚在大马尼拉帕赛亚市的Victory Liner车站碰头。菲律宾与中国不同，在中国的城市，总是有相对集中的长途汽车站分布在城市的中心或是四周。但是，在菲律宾，每个运输公司都有自己单独的车站。我们去的这个运输公司好像在大马尼拉有三个车站，帕赛亚是其中的一个。我们的车大概是晚上11:30出发，但让我没想到的是，当我晚上到达车站时，发现竟然还有那么多的人准备乘车。不大的车站，等候区几乎坐满了人。

我后来仔细看了发车时刻表，发现至少从大马尼拉到碧瑶这条路线，一个小时至少有两班车，24 小时不间断。在中国，虽然也有晚上的班车，但如此频繁地发车，而且在凌晨都不间断地发车似乎并不多见。这可能是因为：从马尼拉到碧瑶需要大约五个小时，正好晚上出发早晨就到了，这样就省了一晚上的住宿费，然后有更多的时间游玩。至于精力，快乐的菲律宾人有的是精力！

一路上，可以看到沿公路有许多休息区。和中国高速路休息区不同的是，这里的休息区并不总是与加油站联系在一起，主要为旅客提供饮食、卫生间等方面的服务。它们不如中国休息区那样宏大与整洁，但有更多拥挤的商店。更让我意外的是，车上还提供 wifi 服务，这让人有了更多的消遣方式。可惜我在大巴车上一玩手机就头晕，只能选择静卧。

透过车窗，你也能够发现菲律宾人享受生活的一面。在这条延展在北吕宋的公路两边，即使是那些车子用一两分钟就一晃而过的城市或小镇，也分布了许多在菲律宾最为常见、24 小时营业的快餐连锁店，如快乐蜂（Jollibee）、超群（Chowking），当然还有麦当劳。当你深夜时从车窗外看去，仍然可以看到不少人在那里排队购餐。在有的市镇上，甚至还可以发现有 SM 集团标识的大型购物城。菲律宾人虽然收入水平不高，但崇尚快乐生活的他们在生活上绝不会亏待自己。这里的年轻人也不像中国人那样执迷于赚钱买房，所以可能有更多比例的收入用在餐饮、购物、旅游等消费上，我想这就是SM城和Jollibee在菲律宾分布如此广泛的重要原因之一吧。

坐长途车到碧瑶后，换当地的吉普尼开往我们的目的地——普洛格山。吉普尼在山间晃来晃去，本来就有点晕车的我实在受不了，换到驾驶室前面坐。菲律宾朋友都兴致很高，在车程的最后一段，有几个还爬到车顶上坐。当车到达目的地——普洛格山国家公园的门口时，事实上已经是海拔2 400多米了。周边散落生活着不少居民，目及范围的一些山上，甚至整个山都被开发成梯级的土地，种着蔬菜之类。

这里的国家公园与中国截然不同。在中国，如果一座山顶

坐吉普尼上山

着国家公园的牌子，那它一定会被开发成道路精致、备有索道、满目商店当然门票也昂贵的5A级景区了。但这里几乎仍然处于原始状态。有人工痕迹的地方主要是尚未到公园入口的登记处，有工作人员讲解公园的一些情况，但没有收门票的地方。公园也没有气派的大门，就是路边摆了一个“Mt. Pulag National Park”（普洛格山国家公园）招牌以作提醒，很少几个商店散布在公路两旁服务居民及游客。进山后也是原始化的道路，至多铺上一些石块，让一些地方变得更平整，以便人通行。除此之外，就是平常的山间小道。事实上，整个普洛格山除了海拔相对较高之外，与一般的山比也没有什么奇特的地方。如果非要说特别，那就是由于海拔原因，最高的几个山头上没有什么高的植被，看起来光秃秃的。据介绍，普洛格在当地语言中就是秃头之意。所以，这里是没有那些以猎奇为主要目的、以购物为主要消遣的游客的。来此的都是那些以登山为爱好、更适合称之为驴友的城市年轻人。他们常常在周末结伴而行，远离都市来此享受野外的乐趣。

我们中午抵达山下，休整半天后凌晨一点左右开始登山。由于刚下过雨，一路泥泞。所幸的是，这最后的海拔几百米绕了很长的路途，所以整体路径平坦，爬起来并不费力。到了山顶，天已放晓，看到上面随随便便的一块木牌子上用英文写着“Welcome! Mount Pulag Summit / 2922 masl”（欢迎来到普洛格山，海拔2 922米）。当天的日出由于云彩不多，也称不上蔚为

在山顶上与菲律宾朋友合影

壮观。几丝霞光涂抹在天空上，算是犒赏大家一夜的辛劳。下山后大家在营地稍作休整后，又乘吉普尼回到了碧瑶。用过晚餐，其他人去享受菲律宾常见的按摩服务，然后打算连夜乘车回马尼拉。我则去了自己预订的酒店，打算再用一天的时间，用自己的脚步去丈量这座小城的风景。

二、小城掠影

5 月底的菲律宾仍值盛夏，但碧瑶市凉爽宜人。由于它的海拔大约将近 1 500 米，全年的平均气温只有大约 18℃，是菲律宾的“夏都”。事实上，它之所以于 19 世纪末建市，就是因为当时的殖民者美国人想在这里修建一个避暑胜地。而“碧瑶”（Baguio）这一称呼，当地土话意为“风景”，后来华侨用闽南话称它为“碧瑶”。笔者去的第二天，天气一开始艳阳高照，但到了午后又突然转阴，一时间整个山城云雾缭绕，确实有如仙境。

在碧瑶，我是网上订的商务酒店，不要任何证件即可入住（后来发现菲律宾的商务酒店基本如此，让我这个随时准备出示证件的中国人颇不习惯），但大酒店外国人还是要看护照的。我当时住的是位于市中心的一家标准相当于中国三星级的酒店，单人间每晚 1 100 多比索，不到 200 元人民币。让我印象深刻的是菲律宾人一贯的热情，当我住下第二天在路边拍完照

山城碧瑶

往前走时，被一个当地青年叫住，说我丢下了东西。原来是我在从口袋里掏相机时，不慎连带把酒店房卡掏出来掉在路边扶栏上，而我自己浑然不觉。

与中国的城市相比，碧瑶已显出一些落后的气息。特别是主街道，车辆拥挤，建筑物虽然年代并不久远但已逐渐陈旧。但如果转入小街，你就会发现碧瑶平静、整洁和漂亮的一面。在顺山而上的小街两旁，常常布满了房顶或红或绿的私宅，各式各样的餐馆以及一些公共建筑。另外，小小的城市竟然大学不少。至少笔者在逛街中发现，除了菲律宾大学碧瑶校区、碧瑶大学、Cordilieras 大学，还有教会创办的圣路易斯大学。当然，想想也不奇怪，菲律宾是一个比较重视教育的国家，中小学（原来 10 年，现改为 12 年）均实行义务教育。如果有条件的话，菲律宾家庭也会尽可能地让自己的子女进入大学就读。

让笔者有些意外的是，人口只有 30 多万的碧瑶市内竟然还有一个博物馆，我到那时已是中午，只看到大门紧闭。根据门上的说明，当时应该仍是开放时间。正好也有一对菲律宾人来参观，于是叩门，才有工作人员出来响应，原来她正在吃午饭。这样，当时就我们两三人，每人花费 40 比索，参观了这座两层布展的小博物馆。里面主要展示的是当地人的早期生活场景，甚至还有一具干尸。另外就是建市以来的变迁，包括各个时期的图片，以及做出重要贡献的人物和历任市长。

碧瑶博物馆

三、华人一瞥

据说碧瑶和马尼拉、宿务一起，是菲律宾三个主要的华人聚居城市。在动身之前，我就查到当地有一个佛寺。所以在碧瑶住下的第二天，第一件事就是去寻找那个佛寺。费不了多大周折，就找到这个寺庙。不料到后却发现大门紧闭，透过铁门，可以发现里面似乎在装修。向门外清洁工打听，他就热情地替我把门叫开，而保安也允许我进去参观。

在菲律宾，中国人进了寺庙就有回了家的感觉，碧瑶佛寺也不例外。不仅是因为熟悉的佛教，更是因为到处都写满了中国字。无论山门还是殿堂、楹联都是用中文书写，而里面柱子

碧瑶市内的普陀寺

上贴的警世箴言之类，更是一连串带有中式风格的汉字。可惜的是，由于正在装修，里面没有一个和尚，而且到处堆满建筑材料。从主殿窗户向外看去，可以发现近旁下方立着一座约高数米的硕大佛像，对面的山上布满错落有致的各色住宅，尽显山城风格。

逛街间，还无意中发现一座华人浸信会教堂。门口有块大大的招贴，说明今天是65周年纪念日。我正在门口拍照呢，一个老年人主动用普通话跟我打招呼，并拿给我一本《圣经》，盛情请我入内，并介绍与牧师见面（正如前述，新教教徒一贯的热情）。事前她告诉我，她可以说中文，但年轻的牧师是混血儿，只会说英文。这并不令我惊异，因为菲律宾华裔数代变迁，已有许多人几乎都不通中文，特别是普通话。与牧师交谈了几句，他像许多新教牧师一样，既年轻又活泼，远不像天主教神父那样严肃古板。当我说一个人来菲时，他甚至开玩笑说要我找个女朋友。当时尚未到他的布道时间，他与那位老年教徒热情地邀请我留下来参加。但我急着回酒店（加上适应不了他们传教的热情），所以便停留几分钟匆匆而别。

碧瑶市内还有一个显著的华人痕迹就是爱国中学，它就坐落在市中心公园的旁边。一栋浅粉色的大楼，上面写着“碧瑶爱国中学”六个繁体中文字，煞是扎眼。可惜当时尚未到开学时期，学校大门紧闭。隔着铁门可以看到里面门厅上方高悬孙中山“天下为公”四个中文大字，旁边板报也有不少中文字。

碧瑶爱国中学

但不知道里面的学生到底能懂多少中文，因为自从 20 世纪 70 年代菲律宾华校改革以来，中文学习时间就减少很多。许多学生学中文可能就像中国人学英文，其实只是为了应付考试，多数达不到实用的要求。

除了华校与寺庙，偶尔还可以看到一些中华文化的痕迹。一条杂乱小街上就有块小小的招牌，虽然上面写的是英文，却赫然是 Chinese Medicine（中药）几个字。还有一处，当笔者走过一片围栏涂鸦的色彩斑斓后，竟然发现了大熊猫以及一个神像式木偶的画像，上书“地下女将军”五个汉字。在这样的山城街道里穿行，周边不时跃动着一些中国元素，让人在欣赏之余，也不禁生出些许感触。

长滩印象

在中国，最知名的菲律宾游览胜地，可能就是被称为世界最佳岛屿之一的长滩岛了。但中国游客在去之前可能很少知道的是，长滩岛本名叫 boracay。这一名称的来源有两种说法，其一是源于本地语 borac，意指一种白棉，颜色和质地与岛上的沙子接近；另一说法源于西班牙统治时期 boray（种子）与 sagay（贝壳）两词的结合。至于中文名“长滩”为何人所取我不知道，但显然是取自岛上最主要沙滩——白沙滩的形状。哑铃形的岛屿长约七千米，该沙滩就长达四千米。长滩一词名副其实。

一、细腻的白沙滩

访学期间，家人前来探访。大家均久慕长滩岛之名，便决定抽空一游。从马尼拉到长滩岛非常方便。咨询菲律宾的友人后，在一家名为 Travelonline 的公司订了一个旅行单，他们负责订好机票、酒店以及从当地机场到岛上、酒店的接送，游玩自己负责。看样子这边旅游跟中国不太一样，不喜欢搞组团旅游，只是提供基本的服务。不过，我倒喜欢这一点。在国内那种参团旅游、总被导游赶着走的模式，远不如这样自在、轻松。

长滩岛面积不大，不过约十平方千米。它位于菲律宾中部，班乃岛西北。我们到达班乃岛上的卡利博机场后，还需要坐两个多小时的大巴、然后乘渡船才能到达长滩岛。下飞机后出了小小的绿顶（似乎是菲律宾外省小机场的普遍风格）航站楼，好不容易找到负责接送的大巴，穿过挤满三轮摩托的卡利博小城，沿着海边公路曲折前行，最后来到了渡船码头。刚坐上船，窗外似蓝似绿、清澈无比的海水就漫入眼帘，旅途的疲劳感觉瞬间得到了释放，只觉得全身清凉舒适。但同时心底也涌起一丝疑惑，码头上船来人往，想必垃圾排污难免，为何水看起来没有受到一点污染呢？是对船采取了特别的措施？还是

沙滩、海浪和椰子树

相关管理特别细致？后来才知这个问题并非无由，而污染也并非全不存在。事实上，杜特尔特执政后为了整治长滩岛的污染问题，曾在争议声中把该地关闭长达六个月之久。但相较我所见过的其他海滨，当时那荡漾的清澈海水，已远超我自己的期待与想象。

不一会儿船就到了岛上。旅行社的人接上我们，坐上一辆小型巴士，分送我们去酒店。在小街上拐来拐去行往酒店的途中，透过车窗往外看去，自己反倒有点迷惑了，这就是大名鼎鼎的长滩岛么？窄小的街道，拥挤的店面，来来往往的三轮摩托不时制造着交通堵塞。这分明就是一个菲律宾小镇或小城么！与自己心目中的景区相差甚远。到了酒店，查看登岛时拿到的岛上地形图，才知道与刚才穿行小街几步之隔的地方就是长长的白沙滩，隔开它们的是酒店、餐馆以及各种大小购物商店，一边是凌乱的街道，一边就是美丽的沙滩。

这可能是与中国景区一个重要的不同。在小小的长滩岛上，至今仍然生活着三个村子（菲律宾称之为 barangay，中译为“巴朗盖”）。查资料，岛上居民在 2000 年大约是 12 000 人。按菲律宾人口增长的平均速度（2000 年约为 7 500 万，现在约 1 亿多点），可大致估算现在岛上居民应该在 16 000 人左右。随着旅游业的发展，当地人口可能进一步兴旺而不是减少。如果按照中国式的景区开发模式，岛上的居民至少要迁出大部分，然后在自然景观的基础上修建宽敞的道路、统一的旅游车、人工绿化、固定好的餐饮购物点以及可能的人工景区。这样的好处是能够给游客更加美好的观感，也能给当地政府带来更多的收入。当然，其后果肯定是景区消费价格的提升，甚至进景区本身就得收取不菲的门票。

但长滩岛的沙滩是免费的，而且酒店、餐饮的价格并不见得比菲律宾其他的地方贵多少。即使商户们想把价格抬上来可能也做不到，因为这里没有政府部门来统一规划，少数人无法垄断市场。在菲律宾，像中国那样迁出大量居民也无法想象，因为他们一定会抗议，当地政府可能也一下子拿不出那么多钱来搬迁、补贴。结果，游客看到的就是两面：从酒店往海滩看去，是美丽的沙滩与大海；而在另一边，则是逼仄的街道、拥挤的三轮车和陈旧的建筑，有的地方甚至杂乱不堪。这样的好处是，充分的竞争给游客带来了更加低廉的服务，但缺点则是不利于旅游品质的提高。而且，从长远来看，一个小岛的承载能力总是有限的。游览之余，不免担心：若干年后，可能不需要外来游客的增加，仅仅当地居民是不是就会让小小的长滩岛人满为患？

不想这些问题了，还是去沙滩上享受美好的一面吧！长滩之美，在于白沙滩不但长而且阔，潮水退下去的时候，沙滩可能有上百米宽。而且这片沙滩还相当平缓，你即使走进退潮时的海水，继续走上几十米，水仍然不过齐胸而已。另外一个特点是沙子特别的细腻、白净、柔软，看起来就像面粉，踩上去却又十分踏实，不会有陷脚而难以步行的烦恼。相对来说，小岛北部沙滩（普卡海滩）的沙子就更粗（粗得硌脚）、坡度更陡，好处是有些小贝壳、小珊瑚之类的意外之喜，但由于远离主沙滩，一般少有人去。喜欢刺激运动的人还可以去冲浪、潜水，或是到岛上的小山中去探险，但对性喜平淡的我来说，在柔软的长滩上漫步就已经是很好的享受了。偶或躺下来，半身浸入浅浅的海水，看着荡漾的海浪把细沙摆弄出各种各样的造型。还有就是傍晚时分的海上晚霞、夜晚沙滩上的当空皓月，以及雨季时不期而来的暴雨，都是令人或欣喜或惆怅的大自然细节。

不过，后来听菲律宾朋友说，其实巴拉望岛上的沙滩更好。这也不奇怪，菲律宾是一个拥有七千多个岛屿的群岛国

沙滩上的沙雕

家，坐拥几处绝美沙滩并不是难事。我心想，如果这个国家的海岛旅游资源能够得到充分开发，不难出现更多的长滩岛。

二、中国游客的多与少

中国游客一度是这里的胜景，我不知道以前来长滩岛的中国游客有多少，但从长滩岛在中国的知名度就可想而知。那些在北部沙滩上兜售贝壳项链的菲律宾妇女都能说几句简单的中文，我问她们能否说韩文或日文，答曰不会。在卡利博机场周围，有两家台湾人开的中餐馆，为来来往往的中国人服务。笔者还曾在岛上一家中餐馆就餐，女主人来自中国大陆，在长滩岛上建房开店。据她说，中国游客多了引起的一个变化就是这里原来卖东西都是一口价，但现在都要讨价还价了。其实，砍价半天的结果，不过是把原来抬高的价格砍掉而已，费心费力之后，仍担心自己吃亏买了高价货或以为自己赚了而沾沾自喜，何必呢！

但我 2015 年去的时候，由于当时中菲关系恶化，中国游客数明显下降。对菲旅游提醒，中国曾发布过两次。一次是 2012 年 5 月 10 日，中国国家旅游局发出旅游安全提示，中国各地旅行社全面暂停赴菲律宾旅游。另一次是 2014 年 9 月，中国国家旅游局提示说，菲律宾警方证实，有犯罪团队计划袭击中国使馆、中资机构和菲商场等公共设施，因此提醒中国公民暂勿前往菲律宾。随后，国内各旅行社以及在线旅游服务公司，均启动重大突发事件下的预警机制和旅游保障，采取了劝退游客、全额退款等措施。

关于旅行提醒的影响，我看到了《环球时报》引述的 BBC 报道。2014 年 1 至 8 月，中国游客在菲律宾的消费额高达 60.46 亿比索（约合 8.27 亿元人民币），但 9 月发布赴菲旅游警告以后仅仅 4 天，仅长滩景区就宣布损失 5 亿比索收入。来此旅游的中国游客数量从 8 月的 18 479 人次降至 9 月的不足 7 000 人次。菲律宾宿务太平洋航空公司取消了 9 至 12 月间的 149 架次包机航班，估计损失 2.4 万名游客，而菲律宾另一家航空公司——亚洲航空公司则暂停从北京及上海飞往长滩的卡利博机场航班。

当我们一家乘飞机抵达卡利博机场时，远远看到一架中国飞机停在机场上。或许，这只是旅游提醒下仅存不多的“硕果”吧！

也要看到，当时菲律宾的旅游并没有因此受到太大的影响，我们媒体关于菲律宾如何受损的报道可能言过其实了。根据菲律宾旅游局 2015 年 9 月发布的报告，2014 年的旅游收入为 165.659 1 亿比索，2015 年（统计年度为头年 8 月至次年 7 月）为 191.771 7 亿比索，增长 15.76%。一个重要的原因是其他国家客源的增加，例如韩国目前是菲律宾旅游的最大客源国，2015 年头七个月韩国游客数为 762 277 人次，比上年同期增长 15.11%，占了全部游客的近 1/4。这点在长滩岛上也清晰可见，到处可见皮肤相对白皙说韩语的游客。其次是美国游客，为 481 167 人次，比上年增长 6.98%。排第三位的是日本游客。中国游客为 257 014 人次，排第四。总的来看，两国关系恶化后中国对菲经济“制裁”的措施效果并不大，菲律宾政府对此也不以为然。

但是，菲律宾可能忽视了中国游客增长的潜力。正如前述，2015 年中国出境游客已超过 1 亿人次，中国到泰国的游客数量已突破 400 万人次。即使如此，大部分中国人还没有护照，还没有出过国，腰包渐鼓的中国人可能会越来越多地出国旅游。而且，与泰国相比，菲律宾到中国的距离与泰国到中国的距离类似，旅游资源也不相上下。如果两国的政治关系不错，中国游客不难出现迅速增长甚至是井喷式的增长，这对菲律宾经济是重大利好。2018 年，在长滩岛关闭 6 个月的情况下，到菲旅游的外国游客为 712 万人次，其中中国游客为 125 万人次，落后于韩国的 158 万人次。但考虑到中国游客的增长率高，较 2017 年增长 29.62%，加上中国游客喜爱的长滩岛被关闭 6 个月也可能减少了中国游客的数量，未来中国赴菲游客的继续高增长是完全可期的。

只是，到了那个时候，充斥中国游客的长滩岛可能更加拥挤不堪，菲律宾又要为如何扩建旅游设施而发愁了！

尼格罗斯的人与事*

前面关于菲律宾农村的文章已提到我曾在尼格罗斯岛小住。当时除了体验农村农民生活之外，赴该岛的主要任务是“见证”拍摄一部纪录片，另外，我还游览了岛上的几个城市。这些地方发生的人与事，让我对菲律宾的感受，更加真实而立体。

一、在菲律宾的西方人

我的尼格罗斯之行缘于在菲律宾大学亚洲中心工作的德国人鲁道夫的邀请。之前，我们并不熟识，只是刚来访学时被介绍认识过，然后在一次演讲会和菲大举行的国际学者招待会上见过面。他话不多但为人和善，主动邀请我参加他主办的一次聚会。我到了后才知道是他的生日聚会，幸亏还事前准备了一瓶红酒。正是在那次聚会上，他提到过段时间他打算和几个朋友去尼格罗斯拍一部纪录片，如果我有兴趣可以同去。那时我刚到菲律宾不久，见有到外省体验生活的机会，当然求之不

---

* 注：本文部分内容曾发表于《环球》，2015 年第 26 期，收入本书时有修改、补充。

得，便一口答应下来。

鲁道夫五十多岁的年纪，高高大大，但有一点德国人的啤酒肚。后来交往久了才知道他早年曾来菲律宾大学亚洲中心学习，后来回国经商，在经历一次失败的婚姻后又来到菲律宾，迄今已差不多十年，已经获得菲律宾的永久居民资格。这十年中，他曾作为志愿者在南部达沃工作过，后来主要是为尼格罗斯岛上的一个非政府组织工作。之后应聘来到菲大亚洲中心，教授农村经济。在南部工作期间，他结识了现在的菲律宾女朋友，大概比他小几岁，在尼格罗斯岛杜马革特市的预算办公室工作。他打算过几年退休后就住到尼格罗斯岛上去，在女朋友的老家建一所小屋，每天读书、跑步，度过晚年。

像他这样的西方人，在菲律宾并不罕见。至少在鲁道夫的生日聚会上，我就见到了另外一位德国女士，和菲律宾的一位工程师结了婚，目前生活在此。另外一位是说话直来直去的美国人，也在菲律宾大学教书多年。在尼

鲁道夫和他的菲律宾朋友

格罗斯岛之行中，我与鲁道夫还拜访了他在卡班卡兰城的一位捷克朋友。这位捷克人也来到菲律宾多年，和当地一位妇女结了婚。他自己一方面是保护珍稀鸟类的志愿者，和一些非政府组织合作，负责保护当地一些鸟类；另一方面，他又雇了些人养殖一些观赏类的鸟类出售谋生。

在菲律宾，最大侨民群体可能还是中国人，这些西方人与中国人来菲律宾生活的方式截然不同。中国人多是因为父辈、亲戚的关系而来，来的目的很明确，绝大部分是经商赚钱。由于语言不通，他们更喜欢居住在唐人街，组成自己的小圈子，较少与菲律宾社会发生接触，通婚现象更少。但西方人在这里更多的是个体式的存在，来这里要么是为了体验异域生活，要么是出于某种理想，当然还因为这里生活费用较西方远为低廉，民众热情开放，而且通行英语。他们从事的职业也可能五花八门，但很少有像中国人那样做生意，而且常常和当地人通婚，生下漂亮的混血儿。这些西方人人数当然不如中国人多，而且像粒粒沙子一样融入菲律宾人的汪洋大海。

二、小城记事

尼格罗斯岛位于菲律宾中部，是传统的甘蔗种植产地。其面积不算小，是菲律宾的第四大岛，呈长筒靴状，中间被一条山脉天然阻隔开来，分为东尼格罗斯省和西尼格罗斯省。在

2015年6月份的一天，我与鲁道夫乘飞机抵达东尼格罗斯省的省会杜马革特。杜市的机场很小，抵达时整个机场好像就我们一架飞机。机场依海而建，当飞机还在跑道上尚没有停稳时，我心中还开着玩笑：还不停止就会冲到海里去了。后来才知道，在菲律宾这样的小机场很多，由于是群岛国家，飞机是最为方便的交通工具。但很多城市也像杜马革特一样，不过是一二十万人口的小城市，当然也不可能像中国那样动不动就建大规模的机场。

我们在杜市停了一晚，见到了鲁道夫的女朋友，后来回马尼拉时又在此住了一天。由于该市不大，市内连出租车也没有，也没有吉普尼（只有一些吉普尼从市区开往外地），市内交通主要是靠三轮摩托。这样的摩托车经过改装，加装了一个大大的棚架，能够同时坐上五六个人。与之相比，马尼拉三轮摩托的特色是在旁轮上加一个小小的罩子，里面空间狭小。在尼格罗斯，身材高大的鲁道夫想起两地三轮摩托的区别，就对马尼拉抱怨不已。

市内街道不宽，十字路口连红绿灯也没有，全靠警察指挥交通。城市尽管小，但相当的“国际化”，你能够看到不少西方人的面孔。这个城市依海而建，风景也算不错，据说附近还有潜水的小岛，能够吸引一部分游客。另外，有的西方面孔也可能是本地人，菲律宾国际婚姻很多，出现黄头发高鼻梁的本地人并不奇怪。除了西方人，你在这里还可以发现华人的教堂、韩国人的建筑。目前，韩国人可能是在菲律宾增长最快的一个侨民群体（前面提到，韩国游客也是最多的），个中原因，笔者尚不得而知。另外，虽然是个小城市，但像其他的菲律宾城市一样，这里对教育十分重视。除了那些规模不大的学院之外，笔者至少发现了两个规模较大的大学（后来才知该市也被称为“大学城”）：东尼格罗斯省立大学与在菲律宾颇有名气的西利曼（Silliman）大学。该大学成立于1902年，是亚洲最古老的美国式大学，系美国人西利曼（Horace B. Silliman）创建，其护理专业据说十分有名。

我们此行的主要目的地是卡班卡兰，这是西尼格罗斯省南部的一个小城，人口不到20万。从杜马革特乘坐汽车翻过山

杜马革特的海滨街道

脉，大约三小时才到。鲁道夫工作过的 NGO 就在卡班卡兰，在尼格罗斯岛上的大部分时间我们都寄居在这个 NGO 的院子里，其间经这个 NGO 介绍，我在该城附近的一户农家住了三天，又在另一户滨海的农家考察了一天，算是体验了菲律宾的农村生活。在卡班卡兰，我第一次注意到菲律宾有如此之多的当铺。这些当铺许多都是全国连锁，不但当物品，而且还可以汇款收款。据说很多菲律宾人都没有银行账号，都是现赚现花，当铺的存在对于一时无钱消费、又没有信用卡的人来说确实提供了一个变现消费的好渠道。与此相应的是我还发现了一些小型放贷公司，几个印度人就做这方面的生意，正好租住在那个 NGO 的院子里。这里补充一下，在菲律宾的印度人像中

卡班卡兰街景

国人一样，也喜欢聚居在一起，而且多从事放贷生意。但其居住规模、人数，都要逊于华人很多。

在卡班卡兰城，我第一次见识了菲律宾的墓地。人死后不是被葬在地里，而是装在地上一个长抽屉式的水泥箱里，然后密封起来，前面写上姓名与生卒年月。这样的“长抽屉”排在一起，然后叠层累加。比起葬在地下，这似乎是一个节约土地的好办法。因为如果采用地下葬的话，总不可能像建高楼一样重叠埋葬。但在视坟场为阴森之地的中国人来讲，这样造成的视觉效果可能更加让人“敬而远之”。但好几个这样的墓地就位于城市通往郊外的公路两边，菲律宾人似乎并不以为意。

在尼格罗斯期间，我们从卡班卡兰北上，到西尼格罗斯省的省会巴科洛德待了两天。那里我见到了规模颇大的华人教会，旁边便是华文学校，一次坐车还经过一家佛寺，估计当地华人不少。后来在马尼拉结识了一位华人朋友（就是前面所说的卢文龙），他家就在巴科洛德，据说当地还有道观，华人过传统节日时也十分隆重。巴科洛德亦位于海边，我在海边发现了不少建在海上的连片棚屋，真让人担心台风一来这些人怎么办，看样子贫穷在菲律宾仍然是一个普遍的问题。在回卡班卡兰的路上，正遇到学生放学，看到许多三轮摩托搭载着众多学生呼啸而过，多的一个车上可能有近十个学生。心里一方面佩服这些学生的搭车本领，另一方面也为他们的安全担忧。稍有闪失，那可都是十来岁的学生甚至孩童啊！

巴科洛德的市民在跳广场舞

三、政治谋杀

对鲁道夫来说，他与几个菲律宾朋友的主要任务是拍摄有关卡班卡兰附近一个人权活动人士遇刺五周年的纪录片。当我与鲁道夫抵达卡班卡兰后的第二天，他的三个朋友也从马尼拉赶来汇合。一个就是前面所说的有左派色彩、喜欢高谈阔论的乔伊（Choy），另两个分别是 Roehl 和 Renan。他们喜欢喝酒，每天工作后必定要来上几瓶菲律宾产的 San Miguel 啤酒（中国叫生力啤酒），边喝边聊，一弄就是两小时。

但他们工作起来还是蛮认真的。在这部纪录片里，主人公即受害者名叫本杰明 · 贝雷斯（Benjamin Bayles），是一个人

人们在本杰明 · 贝雷斯墓前举行纪念仪式

权活动人士。2010 年 6 月 14 日，他在公路边遭到了两个人的公开枪杀。据当地人权组织的说法，他是自 2001 年以来的第 1 200 例法外谋杀（extrajudicial killings）的受害者。

在菲律宾，这种谋杀常常跟政治相关，受害者常常是记者、人权活动分子以及法官，而凶手则往往来自地方家族政治势力、利益集团以及与之相瓜葛的军方等。其中最为令人震惊的是 2009 年 11 月的马京达瑙屠杀，包括一名省长候选人家庭成员和媒体工作者在内的 57 人在前往提交候选人资格表的路上被枪杀。我在菲期间，就看到报道了好几起记者遭枪杀的事件。这些事件一般发生在外省，马尼拉毕竟是首都，可能国际关注度高，类似事件相对较少。

更加突出的问题是，由于相关势力的庇护、法治的无力，这些谋杀背后的真凶很少被绳之以法。在马京达瑙屠杀案中，尽管这名候选人最终当选，但调查、审判过程仍然拖延不决。在上述所说的 1 000 多件谋杀案中，仅有七例成功提出指控，而且其中没有一名涉事的军人或警察被定罪。贝雷斯一案之所以特殊，是因为据说这是第一起嫌疑人被警察逮捕并等待审判的案件。鲁道夫他们怀疑该案的嫌疑人有军方背景。目前，五年过去了，仍然没有最后定案。

鲁道夫原来所工作的 NGO，全名叫“发展中求和平”组织（Peace in Development Group，PDG），主要致力于帮助农民、渔民等贫穷群体发展生产、维护他们的权益。当地还有不少农民自己组织的协会，PDG 与这些协会合作，所组织的活动包括为农民提供耕牛、协助农民保护自己的土地等。

该组织的负责人拉莫斯是一个律师，他自己没有房产，全家住在 PDG 的院子里。他平时主要以律师为业，自己在 PDG 只拿 3 000 比索每月的薪水，根本不可能以此为生。据他自己后来讲，他刚大学毕业时在巴科洛德的市政府工作，在政府资金发放中发现一些贪污问题，就向上级报告，但结果是发现上级也卷入其中。他由此失望辞职，发起了这家 NGO。PDG 的资金主要来自欧洲各种基金会、非政府组织的支持，有时也能从政府得到一些合作项目，但很难从菲律宾企业、富人以及社会中得到捐助。但近些年来，由于西方援助资金向其他发展中

鲁道夫在 PDG 采访拉莫斯（左）

国家扩散，资金来源越来越成问题，这也是许多菲律宾 NGO 面临的一个重大困境。

对涉及政治的 NGO 来说，与资金问题相比，安全或许是个更大的挑战。因为 PDG 致力于维护农民利益和从事人权活动，常常得罪了那些地方利益集团甚至军方。尼格罗斯岛上仍有反政府的新人民军活动，一些人权活动人士常因被指控为共产主义分子或新人民军的支持者而遭逮捕。为了维护他们的权益，PDG 经常站在军队与政府的对立面。据 PDG 的资料，2009 年 10 月，由于他们向法庭的申诉，军方不得不释放被无辜逮捕并遭虐待的两位女性。

这些活动使得拉莫斯成为当地军方与家族势力的眼中钉。

鲁道夫透露，拉莫斯曾受到人当面威胁：你就差一颗子弹！事实上，即使身为外国人，鲁道夫在PDG工作时也有安全方面的担心，这也是他后来决定到菲律宾大学工作的部分原因，毕竟马尼拉比外地省份有更大的安全感。但是，他的研究领域以及正义感决定了他不可能与这些问题脱钩，这次他自己从德国朋友那里募集了些资金，并且得到菲律宾大学电影中心几位老师的帮助，决定来拍这部纪录片，就是希望有关菲律宾的政治谋杀问题能够得到外界更大的关注。

在卡班卡兰期间，我见证鲁道夫他们的拍摄过程：采访相关当事人，走访关押嫌犯的监狱与调查案件的警察局，在教堂参加遇害者五周年纪念活动。这次十来天的行程完成了大部分

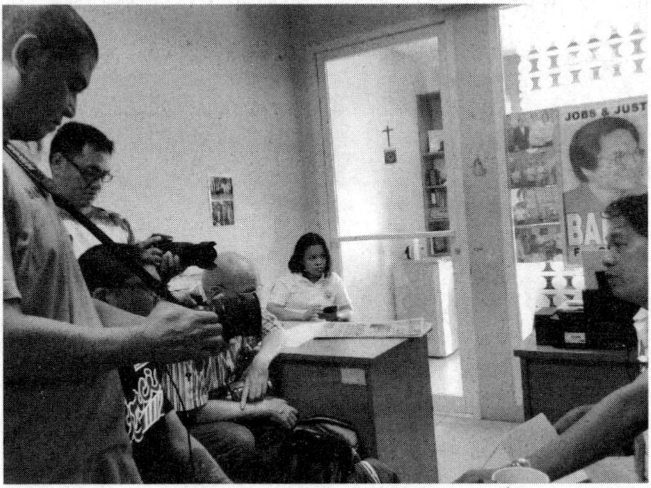

鲁道夫和他的朋友在采访当事人

的拍摄工作，但鲁道夫告诉我，以后可能还要补充拍摄，年底前应该可以问世。但是，我不知道这部纪录片是否能够顺利问世。在尼格罗斯岛的拍摄过程中，鲁道夫和他的朋友就发现有人盯梢。回到马尼拉后，他们甚至发现拍摄团队中有人已上了军方的黑名单。回到中国之前，我对他说的话是：注意安全，好好保重。

我还曾问鲁道夫：纪录片拍出来以后怎么办？他告诉我他目前也没有成熟的方案。尽管菲律宾有新闻自由，但各种利益势力的影响决定了这样的问题无法在公共舆论中被充分地关注和讨论，相关事件最后也往往不了了之。在政治家族根深蒂固、民主机制仍不健全的菲律宾，很难期望一部纪录片、一个事件能够改变些什么。但不管怎么样，作为一个外国人，能够这么做，不由得让人肃然起敬。而那些当地人的际遇，则不由得让人哀伤。

在 2018 年年底的时候，我收到鲁道夫的邮件：拉莫斯被两名摩托枪手杀害了。

苏比克湾的前世今生

提到奥隆阿波（Olongapo），可能中国人并不熟悉，但如果提到它所在的苏比克湾，很多中国人则并不陌生——作为美军曾经在亚洲主要的军事基地之一，苏比克湾面向南海，这里寄托着中国人的复杂情绪。

一、海湾边的小城

苏比克湾位于马尼拉西北，直线距离不过百余千米。在马尼拉的 Victory Liner 的古堡车站，有巴士直达奥隆阿波。带着一种中国人的复杂记忆，我决定在旅菲的最后一个月里去感受一下这个前美军基地所在的城市。

奥隆阿波是座小城，市区人口只有二十多万。其名 Olongapo 源于一个传说，一个名叫 apo 的老人看到当地部落间不团结的危害，试图把当地彼此交战的人们联合起来，但这一主意受到有些人的激烈反对。有一天老人消失了，人们后来发现了他的尸体，但没有头颅。多方搜索未果，最后是一个小孩在一根竹竿上发现了老人的头，他从一个村子跑到另一个村子

奥隆阿波街景

大声呼喊："Olo nin apo"（老人的头）。该地后来因此得名，老人的头也成为这个城市致力于团结的象征。在进城不远的一个十字路口，以及在城市博物馆的入口处，都有老人的头像。西班牙殖民统治末期，苏比克湾开始被建设为海军基地。美国接管菲律宾后，继续对该港口进行建设和经营，越来越多的菲律宾人也来到海军基地及其附近寻找工作。"二战"时期，老城毁于战火，战后在老城北部选址重建，这就是今天的奥隆阿波城。在朝鲜战争、越南战争期间，苏比克基地都为美军发挥了重要作用，而且是冷战期间遏制共产主义的军事桥头堡。

但作为美军基地周边的一部分，奥隆阿波并未像其他菲律宾城市那样于 1946 年获得独立，而是仍在美军管理之下，直到1959年底才交还给菲律宾。至于苏比克湾军事基地，则在冷战结束、菲律宾民族主义高涨以及附近皮纳图博（Pinatubo）火山爆发这些因素的综合作用下，于1992年被移交给菲律宾。在美军撤出后，菲律宾将此建成苏比克湾自由港区。

或许是因为与军事基地的关系，我记得乘车快进入奥隆阿波城时，在街道一侧看到有个和平鸽的雕像。对于曾经的冷战前沿，和平鸽确实会有特别的含义吧！

一到奥隆阿波，我就首先找到了它的城市博物馆，没有地方能够比博物馆更能直接而且系统地了解一个地方的历史与文化了。在这个博物馆里，笔者印象最深的是两部分，一是美军基地的前世今生，二是当地的Gordon政治家族。在奥隆阿波市内，也到处可见这个政治家族的创始人，也是奥隆阿波交还菲律宾后第一个被选举出来的市长James L. Gordon的雕像。在这个博物馆里，很大一部分是在展示这个家族的政治成就，而在城市广场，也有好几处该市长的雕像。他后来遭人暗杀，然后其妻、其子先后当选市长多年，继续延续家族的影响。

奥隆阿波的街道、建筑，与其他菲律宾小城并无二样。所不同的是，奥隆阿波毗邻苏比克湾，在苏比克湾与卡拉卡兰（Kalaklan）河之间是主要旅游区，从市区跨过桥，就可以看到更多的酒店以及一些景点，少了一些拥挤，多了一些整洁。但是，海边景象让去过长滩岛的我大失所望，垃圾随处可见，海水混浊，沙子甚至带些黑色，也不知是不是被港口设施和来往船舶污染的缘故。稍感亲切的是，景区的路牌上还标出了中文，或许是为了吸引中国游客吧！

来之前，除了城市博物馆，我发现谷歌地图上还标有苏比克湾历史中心、苏比克湾博物馆等，应该就在邻近海滩不远的地方。但到了实地，我转来转去却总是找不到，不得不频频问路。一个当地菲律宾人放下自己的工作，热情地把我带到地图所显示的地址，才发现大门紧闭，门后紧扣的一根长木条显示这里早已关张。遗憾之余，又对菲律宾人的热情多了一份感受。

二、没有美军的奥隆阿波？

在苏比克湾的海滩上，引人注目地镌刻着一排大大的手印，旁边的说明是“The Hands that Freed the Nation”（这些手使国家获得了自由）。这是纪念那些在 1991 年 9 月 16 日参议院投票中对美军基地说“不”的 12 位参议员的。在每个手印的上面还镌刻着这些参议员的发言。其中一位这样说道：在 1991 年 9 月 16 日（投票日），我们在参议院发现了这个国家的灵魂与真正精神，因为我们聚集了所有的勇气与意志，宣布结束菲律宾的外国军事存在，从而为此处与世界的持久和平铺平了道路。另一位的发言是：我不被马拉卡南宫（菲律宾总统府

参议员的手印与苏比克湾

所在地）的幽灵所动，而是聆听年轻一代呼吁已久的号召与抗议——这是我们一代，这是我们的未来，今天就使我们自由，现在就除掉我们的锁链，对美国的进一步统治说“不”吧！

但美军撤出带给菲律宾人与带给当地人的是不同感受。在全国层面，可能更多的人是彻底摆脱美军殖民控制的自豪。但在城市博物馆里，展示这一历史事件时有这么一句话：“1992年，奥隆阿波人民带着恐惧与不确定感面对未来。”在全国人民为了美军基地撤出而激情昂扬时，奥隆阿波人为何会有似乎很不一样的感受呢？

原因可能很简单，那就是长期存在的庞大美军基地已与当地人民的生活、利益密切相关。庞大的美军存在不但为当地人提供了众多的工作机会（是菲律宾第二大雇主），而且还是当地的重要消费来源。美军突然撤走，对当地的经济打击是可想而知的。美军撤走后，当地尽量通过自由港和旅游业来发展经济，菲律宾政府也试图对此提供支持。目前经济状况如何，笔者没有权威的数据。只是查询了苏比克湾大都会区管理局的网站，发现 1992—2012 年共约吸引投资 85 亿美元，历年数据波动很大。在旅游方面，至少笔者去时的感受是并不旺盛，那天很少看到有游客走动。在一条主要道路上，甚至一家酒店都早已关张，显示出一幅破落的景象。

当然，美军其实没有完全离开。通过 1998 年美菲《访问部队协议》，美军能够以轮换的形式派驻菲律宾，苏比克湾也不时迎来美军造访。2014 年，两国又签署了《全面增进防务合作协议》，而菲律宾军队也开始重新修缮苏比克湾的军事设施。在这种情况下，美军完全有可能重返苏比克。值得注意的是，当前菲律宾宪法并没有完全禁止外国军事基地，只是规定新设外国军事基地必须得到国会批准而且经全民投票通过。无疑，这是一个很高但并非不可突破的门槛。而且，即使无法突破，通过上述两个协议，美军完全也能够做到不定期甚至频繁地使用菲律宾的军事基地与设施，包括苏比克湾。

还有就是菲律宾的民意，也与冷战结束之初有了巨大的变化。自从冷战结束以后，反美的民族主义总的趋势是下降的。根据当地的民意调查机构“社会气象站”2015 年第二季度发布的抽样调查结果，菲律宾人对中国的净信任度为-45%。与之相比，美国是 +64%。当前，由于杜特尔特大幅度改善对华关系，菲律宾人对中国的净信任度逐渐转为正值，但仍大大落后于菲律宾人对美国的净信任度。始终坚持反美的是人数较少的左派，但他们也同样反华。在这种情况下，如果菲律宾重新欢迎美军进驻并不奇怪。事实上，从 2017 年起，根据 2014 年美菲签署的《全面增进防务合作协议》和 2016 年 3 月美菲联合声明，美国开始使用菲律宾的五个军事基地。虽然苏比克湾与克拉克——冷战时期美国驻菲的另一重要军事基地——不在其中，但美菲军事联系的重新加强已显然可见。即使是被认为反美的杜特尔特也没有从实质上改变这一趋势。

苏比克湾自由港入口

对奥隆阿波来说，真希望它今后靠发展经济而不是美军重返实现繁荣。相较对于军事基地相关消费的依赖，奥隆阿波把经济增长建立在贸易与旅游的基础上是更加长远之计。而且，美国驻军带来的经济好处毕竟是局部的，一个和平的苏比克和南海，对中国和菲律宾的长久利益都有好处。

当时告别有点冷清的苏比克湾，确实真心希望那里能够进一步热闹起来，但不是因为挤满了重返的美军，而是那些前来享受和平的游客。

达沃侧影

达沃和马尼拉是我去得最多的菲律宾城市。记得 2015 年我在菲律宾访学的最后一个月，列出了自己最想去的两个地方，一个是苏比克湾，另一个就是达沃。之所以想去苏比克，因为这是一个前美国军事基地（前面已述），而达沃则处于我从未去过的南部，因此开始了三天两夜的达沃之行。后来又于 2017 年、2019 年分别访问达沃。虽然每次时间匆匆，但仍会在记忆中留下不少关于这个城市的侧影。

一、城市印象

达沃地处菲律宾南部棉兰老岛，是一个不像南部的南部城市。可能在很多人的笼统印象中，由棉兰老岛这个词联想到的主要是武装叛乱和频繁发生的绑架事件。但是，达沃市似乎与这些词相去甚远。

就安全状况而言，达沃就像一个被恶浪包围的安全孤岛。恶浪一词或有夸张，但棉兰老岛确实是恐怖主义势力在菲律宾渗透最深的地方。2017 年被恐怖势力攻占的马拉维市，就位于棉兰老岛。战事持续五个月，菲律宾政府才得以收复这个已在战火中成为废墟的城市。2018年底，位于南部棉兰老岛地区哥打巴托市一个商场入口也发生炸弹爆炸事件。有时达沃也不能幸免，如2016年9月2日就曾发生爆炸事件，造成至少9人死亡。但总体看，达沃对治安抓得特别紧。2019年笔者访问达沃时，正赶上该市庆祝建市83周年，在市区举行巡游活动，大批警察在现场和周边警戒。笔者在人群中转了一圈，气氛欢乐祥和，并无紧张感。

就像菲律宾的整体情况一样，达沃人口的80%都信奉天主教。西班牙在殖民统治方面比较失败，但在传播宗教方面却取得了惊人的成功。20世纪，在政府的鼓励下，信仰天主教的中部居民大量向包括达沃市在内的棉兰老岛移民（后面所提到的传奇市长、现总统杜特尔特就出生于中部的莱特省，成年后才移居达沃）。所以，达沃的方言和中部一样，都是使用宿务语。目前，穆斯林和佛教徒、印度教徒等加在一起，还不到总人口的20%。

达沃以自己是菲律宾最大的城市自诩，这主要是指它的面积而言，达到2 443.61平方千米。但就人口而论，达沃目前只有不到两百万人口（2015年的数据为1 632 991人），只不过相当于中国的一个地级市（当然，全菲律宾超过一百万人口的城市也不多，可能也就四五个而已）。所以，下了飞机，才发现它与菲律宾其他地方城市的机场并没有太大不同，航站楼就是一座连排建筑，不过较去长滩的卡利博机场稍大而已，与马尼拉国际机场相距甚远。

在中国人的眼中，所谓城市，一定是有密集的人口居住，有现代化基础设施连接，然后缀以高楼大厦、商场等。但达沃作为南部的经济中心，单从建筑而言，并看不到太多现代化的迹象。它就像我看到的许多菲律宾城市一样，稍显陈旧而杂乱。很少有高楼大厦，街道两旁也不是绿树成荫。这个城市不是通过高楼来纵向拓展，而是沿着达沃湾、跨过达沃河像铺大饼似的拓展开来。看到最多的是三四层楼的商厦、独栋的住宅以及分布在海边或河区的低矮的贫民窟（海边棚屋就像上述巴科洛德的一模一样）。一个也去过达沃的华人朋友向我评价，那里简直就是个农村。但是，市中心稍有不同，附近街区热闹而拥挤，围绕着市政厅及其前面的小广场，布满了各种店铺。市政广场上立着一个硕大的鹰雕，菲律宾鹰是这个国家的国鸟，据说是世界上最大的老鹰。达沃郊区有一个菲律宾鹰研究自然中心，致力于保护这种已处于灭绝边缘的动物。另外，2015 年我去时正是榴梿上市的季节，市区随处可见榴梿出售，这是当地丰产的水果。有菲律宾朋友在我去前提醒我一定要去尝试，可惜我实在兴趣不大。2019 年与上海社科院代表团访问达沃时，虽然当时非榴梿上市季节，但有华商朋友送来冰冻保存的榴梿，可惜酒店不让带入。喜欢榴梿的同事便在门口大快朵颐，我则没兴趣下楼奔波了。

达沃街景

我最感兴趣的是当地的历史与文化，所以 2015 年去时的重点是寻访当地博物馆。最后找到了两家。一家是位于市中心的文瑶博物馆，在这个两层楼的建筑里，展示了当地的原住民文化、城市发展历史以及各个时期的发展情况。里面还有一个小小的阅览室，放着与达沃相关的书籍、杂志，而且是免费开放。2017 年笔者与上海社科院代表团访问达沃时，接待方也安排代表团参观了这个博物馆。讲解的小姑娘充满激情地为我们讲解，让人印象深刻。另一家是达沃博物馆，位于城市北部的一个富人住宅区内，2015 年我去时年轻的的士司机也不知道路线，问了好几个人，才把我送到那个地方。这家博物馆更小，主要是展览了当地的织品文化，另收费 100 比索。但可能由于位置偏僻，当时只有我一个人参观。问了下管理人员，说一年下来也有几千人次。

让笔者印象深刻的还有市中心一个公园。公园里到处是可爱的原著人像，或手里捧着丰收的玉米，或手拉捕满了鱼的网，或是牵着正在犁地的耕牛。据说当地 8 月有丰收节活动，而且会展示各个少数民族的文化与农艺，看样子真是错过了好时机。另外，这个公园的名字也让来自中国的我感到熟悉与亲切“People’s Park”（人民公园），这让我想起在尼格罗斯岛上巴科洛德市市政厅的名字“People’s House”（人民宫）。

像许多中国的小城一样，达沃也有自己的夜市文化。2019 年我与上海社科院代表团访问达沃时，住在达沃雅典耀大学招

人民公园里的可爱雕像

待所。就在大学旁边的街道上，是当地著名的 Roxas 夜市。一天忙完公务，代表团几个人相约去逛逛。这个夜市是封锁了整条街形成的，几个出入口都有警察把关，进行安全检查。里面大部分区域都是用塑料帐篷搭建起来的摊位，销售范围包括当地的小吃、衣物以及日用品等，商品看起来档次并不高。还有提供脚部按摩服务的，好几排椅子就在街中间摆开。回来后正好在大学招待所的大堂里面看到当地报纸，说此夜市因 3F 而知名，即 food（食物）、fashion（时尚）、fun（欢乐）。看样子菲律宾人真是一个生活得很简单、很快乐的民族！

二、外来文化与唐人街

达沃也是一个外来文化相互碰撞的城市。根据当地报纸披露的消息，2018 年来达沃市的游客数量为 184 284 人次，相比 2017 年的 126 294 人次，增长了 46%，主要来自美国、日本、中国和韩国。目前在达沃合法工作的外国人中，有 126 个中国人，63 个印度人，27 个韩国人和 21 个日本人。当然，实际居住和工作的人数，很可能超过此数。

2015 年访问达沃时，笔者一天晚饭后在闲逛中无意发现了一家印度人的寺庙，里面有一家专卖印度食品的商店，有几个印度人在聊天。经过里面的人同意，我进去稍稍参观了一下。像清真寺一样，进去必须脱掉鞋袜，头上还要包上一块头巾。

里面有一个立着许多柱子的大堂，除了柱子上、墙壁上挂着的像（不知是神像还是印度民族英雄的像），显得空空如也。印度人喜好信贷业，爱好消费而缺少现金的菲律宾人，可能是他们的好客户。

除了西班牙人、美国人这些殖民者外，在达沃历史上留下印迹最深的还是日本人。20 世纪初，由于当时的美国人种植园需要大量劳力，达沃就开始引进日本劳工。根据当地博物馆的介绍来看，日本人的人数与影响由此开始迅速扩大，他们有自己的社区、道路等，到 20 世纪 30 年代时已控制了达沃的经济与政治生活，最终引起了当地人的警惕。事实上，达沃之所以于 1936 年正式建市也是出于防止日本人影响扩大的考虑，以确保达沃能够在当时自治政府的控制之下。因为当时的法案规定达沃市官员由当时自治共和国的总统任命，他们担心，如果靠选举，日本人能够利用自己的影响扶持对自己有利的人当选。

太平洋战争爆发后，日本迅速侵占达沃，期间还在郊区修建了用于躲避美军轰炸的隧道。笔者前去参观，导游说隧道大部分已经坍塌，开放展览的其实只有几十米，展示了日军存放武器、办公、拜佛以及关押菲律宾囚犯的地方。战争结束以后，日本人的财产被没收，大部分人被遣返回国。现在随着日本经济的复兴与菲日关系的发展，又有不少日本人回到达沃。事实上，那条隧道就是在兴建日本援建项目时发现的。听说还有一个关于日本人的小博物馆，但我没有找到。

日军隧道遗址入口

当然，现在最大的外国人社区应该还是华人居住的唐人街。它与马尼拉唐人街不同，后者多是小街小道，弯曲蛇行，到处中文。达沃的唐人街更大，有几条宽大笔直的街道，在几条街道的入口分别立着中式的牌楼，分别书写着“融合门”“友谊门”“和平门”等，但看样子应该是新修不久。相较马尼拉，这里的街道虽然也有中文标注，但总体上中文招牌比较少见。这可能是马尼拉唐人街有更多新华侨居住的缘故，笔者在华校碰到一位老师，她说达沃华人多数都是菲律宾国籍，能够说普通话的人都不多了。但与马尼拉一样的是，达沃的唐人街也是当地的商业中心，街道两旁多是各种商场、市场。2015 年笔者去时正值 9 月，就看到有的商场手扶电梯上已经缀满圣诞节装饰物，心想离节日还有三个月之久，不禁为菲人的购物热情咋舌。

有华人的地方就有寺庙，这习俗现在事实上已成为中国文化在海外的一个特征。在唐人街旁，有一个宝莲寺，笔者经过时大门紧闭。按了门铃，不久就有一位菲律宾老太来开门，她说住持老尼已经过世，现在她仅受托照管寺庙。在城市北部、机场不远处有个规模更大的龙华寺，距今已有50年历史，大殿的门虚掩着，但可以自行参观。这是我特别喜欢佛教和天主教的一个原因，不会有人拦着你，也不会要脱鞋脱袜，缘进缘出，均随其便。这个寺庙与国内的不同之处在于，其佛像均为素像，没有国内那么多的装饰，而且墙壁木制浮雕上的佛像，均带有明显的印度特征。

寺内遇一尼姑，刚从国内来一年。这边的僧尼，包括佛像，许多都是从国内请过来的。寺庙还办有一所华校，时值一

龙华寺内景

位中文老师也来闲坐，也是刚从福建过来。或许，这就是中华文化对外传播的最大源泉，即使原有华人已经完全融入当地社会，但新鲜的血液总会源源不绝。只要我们文化的源头不断更新，国家与社会也一直保持对外开放，中华文化就会如涓涓细流，流淌到世界各地。

三、从强人市长到争议总统

当前，人们一谈起达沃，就会想起现任菲律宾总统杜特尔特（Rodrigo Duterte）。传统上，菲律宾总统大都来自大马尼拉及其周边地区，杜特尔特是第一位来自棉兰老岛的总统。在担任总统之前，杜特尔特长期担任达沃市长，在这里留下了极其强烈而独特的杜特尔特色彩。

杜特尔特最具特色可能也最具争议的一面，就是他以强硬手段治理达沃市，使该市完成了从一个混乱之地到安全岛的神奇转变。20 世纪 80 年代，达沃的新人民军十分活跃，各种犯罪活动也层出不穷。但经过他的整治，达沃变成了一个公认为安全的地方。据菲律宾《每日问询者报》转引的一些数据，达沃是世界上第九安全的城市。当然，那些杜特尔特的政敌对此不以为然，然后还引用数据说该市犯罪率如何如何。但我所接触到的菲律宾民众的看法是，无论是当地人还是外地人，都觉得达沃是安全的。2015 年笔者抵达达沃的第二天，与达沃市隔海相望的沙马岛发生了三个外国人被绑架事件。我在乘坐出租时，就此事征询当地人的看法。那个司机回答说，那个岛不属于达沃市管辖，这种事在达沃是不可能的。

或许杜特尔特的业绩无可置疑，但他的管理手段却引起广泛争议。菲律宾社会中广泛流传着这样一种说法，即在达沃有一支特别的死刑队，在法律之外对犯罪分子执行死刑，甚至是微小之罪也不放过。据报道，杜特尔特甚至公开这样说过："如果你在我的城市从事非法活动，你就是被刺杀的合法目标。"有的媒体报道说他的死刑队杀死了 700 人，他则事后回应说："错了，是 1 700 人。"以前，在杜特尔特还没有当总统的时候，美国《时代周刊》曾专门刊发过有关杜特尔特的一篇报道，标题就叫《惩罚者》。根据《纽约时报》2014 年 9 月的一份报道，从 1998 年到 2008 年，达沃死刑队应该对 1 020 至 1 040 人的消失负责。该报道指控，这种方式得到了杜特尔特领导下达沃政府的保护，警察对死刑队犯下的案件不闻不问。

上面的说法真假难辨。但要承认，严厉的管治方式在菲律宾至少是得到了一定程度的支持。笔者曾在私下里听到有人（特别是华人）说罪犯是罪有应得，另外杜特尔特家族能够长期当选、垄断当地政坛也是一个当地人认可的证据。杜特尔特出身政治世家，其父原来担任过两个省的省长，其母也曾出任省长。他自己在 1986 年人民力量运动之后进入政坛，被任命为达沃市副市长，于 1988 年任市长。到 1998 年两任届满无法连任的情况下转而被选举为众议员。做了三年的众议员后又于2001年被选为市长，然后一直到2010年。在他又一次无法连任后，就由其担任副市长的女儿莎拉（Sara）任市长，自己转任副市长。从2013年6月起，他又重新任市长，副市长则由其子接任（希望读者没有被我的话绕晕）。2016年6月杜特尔特当选为总统后，他女儿莎拉·杜特尔特当选市长。在竞选时，杜特尔特毫不掩饰他在对待犯罪问题上的强硬态度，曾宣称要把所有毒贩扔到马尼拉湾去喂鱼。事实上，他之所以能够当选总统，很大程度上就是他在达沃的治安业绩。

其实，杜特尔特出身律师。可能正是由于他谙知菲律宾司法体系脆弱、程序冗长，罪犯往往得不到应有的判决，才想到以恶制恶，通过这种极端违反人权的方式维护治安。我曾私下问过几个当地人，多数人都认为有死刑队的存在（只是没有留下证据），但还没有听说有完全无辜者被处死的。其他方面，杜特尔特在任达沃市长期间也奉行严厉的有特色的管理方式。例如，严禁在凌晨一点到早上八点间销售、供应和消费酒精饮料，禁烟政策也十分严厉。2015年9月初，菲律宾媒体报道了这样一起事件：一名游客在杜特尔特朋友开的一家餐厅吸烟，被告知本市公共场所不准吸烟后仍然态度傲慢，餐厅老板正好是杜特尔特的朋友就通知了他，结果市长在数分钟后就来到餐厅，这个烟民吓得马上丢掉烟蒂并踩熄了它。据目击者说，杜特尔特静静地坐在这位烟民旁边，拔出一把手枪抵住这个男子

菲律宾朋友赠笔者的《杜特尔特：通向总统之路》一书封面

的裤裆说："我让你选择：我杀死你，或是你把烟吞下去。"结果这名烟民乖乖地吞掉并向市长道歉。

除了严厉对待犯罪，杜特尔特还有其他许多令人"瞩目"的言行：公开承认有多个"女朋友"，经常飙脏话，批评在菲律宾广受欢迎的教皇。在竞选总统期间，就有人称他为"菲版特朗普"。但如果论从政时间先后（包括当选总统的先后），更准确的说法其实应该把特朗普称作"美版杜特尔特"。担任总统后，他仍然不改上述作风，从而成为菲律宾史上最为特立独行的总统。但人们在关注其独特言行的同时，可能忽视了其深厚的战略眼光与政治权术。他上台后大抓基础设施建设，正是看到了菲律宾的短板。他爱开玩笑表现得浪荡不羁，在某种程度上恰好迎合了菲律宾人对于政治人物的个性化需求。他在竞选过程中迟迟不表态甚至最后是以替换其他候选人的方式参选，表现了对菲律宾竞选规律（出头的椽子先烂）的精准掌握和对竞选程序的精准利用。由于菲律宾总统只有一个任期，有理由相信杜特尔特在为自己政纲拳打脚踢的同时，已在为其卸任后作长远的政治布局。这种政治眼光与套路，是绝大多数菲律宾政治家所没有的。不管其任期结束后情况如何，杜特尔特留给菲律宾的影响，会像他留在达沃的痕迹那样深刻。

菲律宾的旧人新事

2019年3月，笔者和上海社科院的同事一起，为了与达沃市政府、达沃雅典耀大学的三方合作事宜访问了菲律宾。此次访问，距离2017年初的访问，已过了两年。两次的访问行程都是马尼拉与达沃，对比之下，自然有一些旧识新感。

一、菲律宾的变与不变

出发前，3月初的上海天气仍然多雨而阴冷，但菲律宾的最高气温已是30多度。3月10日，经过三个多小时的航程到达马尼拉后，下了飞机就感觉一股“温暖”的气浪夹杂着熟悉的菲律宾味道扑面而来。有点意外的是在出海关的地方，可能是由于几架航班同时抵达，本来就不大的关口挤满了人，排队的指示根本看不到，也没有人疏导，连在哪里排队都不知道，大概花了个把小时，我们一行才出关。由此可见，尽管菲律宾人服务精神可嘉，服务意识也浓厚，但相关的大小硬件建设（大到出关区、小到指示牌）还有待完善。而且，海关本来就是菲律宾贪腐丑闻严重（特别是货物贪腐）的地方，总统杜特尔特甚至一度威胁要以军队来接管海关。我们过关一事固然无法见证其海关是否还有贪腐，但其设施与效率确实有待提高。

在马尼拉仍然不变的是交通拥堵。代表团所住酒店位于大马尼拉的中心地区马卡蒂市，外出活动时一般与进城的车流相逆而行，拥堵的感觉还尚不十分明显。但笔者一次公务活动后赴朋友家晚宴，从市区往市郊赶，就正好赶上拥挤的车流，大概十多千米的车程用了约一个半小时。大城市堵车是普遍现象，在马尼拉，有几个现象可能加剧了堵车。一是新道路修建缓慢。一次活动驱车中，司机指着一处看样子还只修了一半的高架路，说已经修了六年。当我们拜访中国大使馆经商处，金远参赞也介绍说某处交通瓶颈政府想拓宽道路，但因为涉及私

修建中的高架路

有产权而推动不得。二是随叫随停的吉普尼仍然是穿行在大街小巷的大众交通工具，加剧了交通困难。杜特尔特总统曾经想淘汰吉普尼，用公共汽车取代，但推行中受到广大吉普尼司机反对而很难推行下去，这次访问也仍然到处都看到吉普尼。

变化之处也不少。例如，无论在马尼拉还是达沃，明显感觉修建中的大楼在增多。马尼拉湾与流经大马尼拉的帕西格河的水质似乎也有所改善。这些情况应该与杜特尔特总统上台后推出“大建特建”计划与重视环境保护有关，据说马尼拉湾旁边的餐厅因此而关掉不少。但环保如何平衡民生仍然是一个问题。当我们访问马尼拉时，正好赶上马尼拉部分地区水荒，成为连续几天的媒体焦点。菲财政部长多明格斯表示，如果中国援建的卡利瓦大坝建设能够早点推进，就不会发生供水短缺的问题。但环境和自然资源部副部长则同时表示，大坝的环境合规证书申请不能走“捷径”。

二、谁在为中菲关系添堵?

经历了2016年南海仲裁案后，中菲关系实现转圜。中国驻菲大使馆经商处金远参赞介绍：这两年中国对菲律宾投资呈井喷式增长，据贸工部统计，中国对菲律宾投资增长了2 800%。但目前落地的还比较有限，主要有中国电信总投资50亿元；河北钢铁在棉兰老岛投资45亿元等。我们在一些细节中也能感受到中国元素的增加。例如，在马尼拉的超市，能够看到微信支付和支付宝支付的醒目标示。在从达沃到马尼拉的国内航班上，竟然也听到了中英两种语言的飞机广播。据一位同事讲，她还在飞机上与一位邻座的菲律宾女士交谈甚欢。这位女士原来在香港邮轮上唱歌，结婚后回到菲律宾，但又通过 51 Talk 教中国人学英语。

但菲律宾的反对派与媒体从来没有放过任何一个杯葛中菲关系的机会。在笔者和同事们访问的那几天，感受最多的就是所谓中国劳工问题。媒体上不时炒作“中国人抢占了菲律宾人的工作机会”。据报道，2019 年 3 月参议员 Francis Pangilinan 提出，劳工和就业部和移民局相关官员和职员批准数十万非法中国劳工进入菲律宾，这批人应当被解雇。他认为，政府应该担心的是菲律宾民众的“怒火”，他们尚未得到工作，而非法中国劳工却得到“特殊待遇”。这位参议员说：“在数万名非法移民的问题上，政府不应惧怕中国。”他补充说：“我们应该担心的是，在对这些非法中国劳工给予特殊待遇的同时，数百万失业菲律宾人有多愤怒。”他甚至上纲上线地说：“对于中国运来的非法毒品、侵占我们的领土和非法劳工的问题上，政府始终保持沉默。这样合适吗？我们不应该被中国控制。”在与菲方学者的交流过程中，对方也表达了对劳工问题的担心。

据了解，大量雇佣中国人的情况发生在菲律宾的博彩业。在菲律宾，博彩业是合法的，但众所周知，喜欢来赌博的多是中国人，菲律宾公民不允许参与赌博。对博彩公司来说，雇用中国人服务中国人更加方便。特别是近一两年网络博彩业发展很快，吸引了大量的中国人来从事这一行业。根据《菲律宾世界日报》的报道，在2018年年底菲律宾参议院的一项调查中，自杜特尔特2016年大选以来，至少有20万中国人涌向菲律宾，其中大部分受雇于为中国玩家提供服务的在线博彩公司。菲律宾财政部抱怨，那些在赌场工作的人没有在菲律宾缴纳个人入息税，导致政府每个月个税收入减少30亿比索。笔者从朋友处了解得知，确实这一两年来菲律宾从事网络博彩业的中国人大增，不少人在菲租房买房，导致马尼拉房价上涨不少。

人的因素应该成为国际关系的纽带，而不是矛盾的来源。以前的中国人多来菲投亲靠友，劳作经商，其中不少有拿旅游签证入境的，没有办理合法的工作签证，因此也时常被菲律宾社会抱怨。这种情况还情有可原，毕竟他们从事的是正当的生意，而且办理在菲工作签证也有一些不方便之处。但来菲从事博彩业的中国人大增确实是不应该看到的现象。这些博彩业无论线上还是线下，都以中国人为主要业务对象，事实上不但导致一些中国人沉迷其中而不能自拔，许多资金也因此流向菲律宾。还有一些人来菲赌博欠下高利贷赌债，往往被扣下要求家人还钱（放高利贷的往往也是中国人），结果构成所谓“绑架案”。但之所以出现这种情况，似乎应该是菲律宾而非中国负更大责任。当菲律宾学者在交流中抱怨时，笔者直接说：“希望菲律宾能够禁止赌博业，否则对两国都没有好处。”但这个时候菲律宾学者倒没有回应了，要菲律宾放弃这一利润丰厚的产业，只怕也难。柬埔寨西哈努克港市也有类似情况。在中国政府的要求下，西港开始限制网上博彩业。据悉中国也在与菲律宾政府商量类似措施，但菲方没有采取任何行动。

菲律宾的政客以及一些媒体对中国也是横加挑剔。例如，中国援建马尼拉帕西格河上的两座大桥，本是完全善意之举，意在缓解马尼拉的交通，但也一直受到杯葛。这次笔者在菲时，也看到《菲律宾星报》有篇评论文章从是否该修建、成本等各方面提出质疑。当然，这些批评有些是出于对杜特尔特政府的不满，对其相关一切均加以批评。所以，对于菲方一些人的这些言行，中国也不必太加在意。但如何在菲律宾这种复杂的政治、舆论环境中有效推进中菲合作，不求快而务求稳，多生实效而少起争议，可能仍然是需要仔细思考的问题。

三、菲律宾能否养活自己?

经朋友介绍，我们参观了位于马尼拉以北约 50 千米的布拉干省 Industrial City 里的一家大米加工厂。说是 Industrial City（工业城），实际上只相当于中国一个小小的工业园。大概在下高速公路不远处的一个叫 Malolos 的地方，里面约有三十

马尼拉北部的大米加工厂

多家企业，主要是药厂、胶袋厂以及与农业相关的工厂，没有什么高科技企业。这里的工业园也不像中国那样经过政府的规划，基本上是企业到这里集中买地建厂形成的，工业园也由各企业主组成的委员会管理。在工业园旁边，可以看到有集装箱的堆场和平整后的空地。据介绍，现在土地价格折合人民币每平方米 3 500 元左右。

大米加工厂名叫 Purefeeds，是一家华人家族企业，老板名叫 Jomerito Soliman，中文名吴焕龙。他已经是四代居菲，从父亲手里接过了这家企业。据他介绍，他的工厂年加工大米 300 万—500 万吨，在吕宋地区不算最大的，但他认为算是最现代化的。收购稻谷后从脱壳、干燥，到分类、包装等程序基本上都是机械化，所有设备均从美国进口，由电脑室统一控制。所以，他的工厂雇人不多，大概一百多人，大米有十多个品种。他还准备进入一些延伸产业，如将大米加工成米制品等。他特别强调，他响应杜特尔特总统低价米政策，特意把米的零售价印在包装袋上，这样零售商就不能任意加价。

与中国一样，对菲律宾来说，农村问题不只是农民问题，还有农业问题。像中国一样，大米也是菲律宾人每天必不可少的主食。但据《菲律宾星报》2019 年 3 月 11 日的一篇报道，2019 年菲律宾的进口大米将达到 260 万公吨，比 2018 年的 190 万公吨增加了 37%，将成为仅排在中国之后（进口 450 万公吨）的全球第二大大米进口国。但与中国不同是，中国有约 14 亿人口，是菲律宾人口（约 1 亿）的十多倍，但进口量不过是菲律宾的两倍。而且，中国的粮食进口并非因为缺粮，在很大程度上是通过进口更多品种，以满足国内多元化的需求。而菲律宾则确实是因为缺粮食，大米价格也成为一个重要的民生问题。

笔者在马尼拉超市看到，当地大米价格大致在每千克 40 到 90 比索之间（折合人民币约 5 到 11 元），而吴焕龙所在工厂中的其中一种大米每袋（10 千克）标价为 360 比索，的确比其他大米要低不少。但他是杜特尔特的支持者，这样做主要是一种政治行为，其他大米从业者是否有这样的自觉就难说了。而菲律宾的大米之所以价格贵，跟土地、种子、化肥、灌溉、加工等一系列环节有关。例如，据了解，菲律宾没有本地的化肥产业，全靠进口，而且价格不便宜，这自然影响到化肥的使用。笔者在达沃碰到了从事大米行业的商人，他们反映从越南、泰国等地进口大米也比当地的便宜。这也就怪不得菲律宾的大米加工厂纷纷进口大米，而政府也不得不放开限制，使得2019 年菲律宾将成为世界第二大大米进口国。

但不能不注意到的是笔者在网上查到的一组数据：当前菲律宾耕地面积为 10.6 万平方千米，人口刚过 1 亿，而越南仅为 8.8 万平方千米，人口也达到了 9 000 多万。在这种情况下，越南却是全球第三大大米出口国，菲律宾还要从越南进口大米。其中的差距，不值得深思吗？

四、达沃晋江商会的成立仪式

众所周知，菲律宾华人以原籍福建为主，而来自福建省泉州晋江市的又占了一大部分。在达沃期间，应当地华商、晋江商会会长蔡天保先生之邀，有幸见证了达沃晋江商会的成立仪式，也算是对当地华商生存状态的一次管窥。

成立仪式设在当地最大商场 SM 商场的二楼会议中心，里面按中国式风格摆下约四十张圆桌，正前方则是一线长条桌子，重要嘉宾在长桌两边就位。我粗略看了一下，出席的主要有我们刚刚会过面的中国驻达沃总领馆总领事黎林先生及领事馆同仁，晋江市长率领的晋江庆贺团，其中包括晋江市企业家以及艺术团代表，世界晋江同乡总会的会长施文诞先生，来自马尼拉的菲律宾晋江商会代表，当选的商会理事会成员，来庆贺的当地其他社团代表等。

成立仪式的主持人有三位，分别讲的是闽南话、普通话和英语，而内容是典型中国式的，首先是为时一个小时的晚餐时间，其间佐以菲律宾学校以及晋江艺术团的表演。然后是热烈的舞狮，当选的商会理事会成员全部黑西装、红领带，约有一百余人，在舞狮的带领下进入会场。再接下来，不外乎各方领导讲话，商会理事会成员与各方成员拍照，商会以及企业代表现场捐赠仪式，相关合作意向的签字仪式等。菲律宾总统杜

成立仪式现场

特尔特和达沃市市长莎拉·杜特尔特没有到现场，但现场宣读了他们的贺信。整个程序下来，从晚上七点一直到十一点多才结束。

观完整个过程，感受最深的就是蔡会长与我们交流时讲的，晋江人好面子。正因为好面子，所以追求出人头地与成功。晋江人多地少，许多人不得不外出求生，从而在海外闯出一片广阔的天地。也正因为好面子，他们乐于捐赠，开展各种慈善事业。捐建校舍、华人消防队以及义诊成为菲律宾华社“三宝”，为赢得当地人民的认同做出了突出的贡献。当然，从整个商会成立仪式来看，重礼仪、讲排场、喜热闹等好面子的做法也体现得很突出。总体来看，好面子并不是坏事，关键是这一动力被导向哪些方面，而包括晋江商人在内的菲律宾华社，在这方面做得还是不错的。

另外一个包括晋江人在内的福建裔华人华侨特征就是抱团。笔者在菲律宾也接触了不少非福建裔的当地华人华侨，他们对此都感受深刻，认为只要是福建人，就能够在当地得到各种帮助。事实上，许多福建华人华侨来菲，也都是通过投亲靠友，抱团既是生存必需，也是这种社群关系的必然结果。而成立商会，可能就是抱团一个最直接的体现。所以，商会在菲律宾华社中绝非是一个可有可无的存在，而是人脉商脉甚至生活事业各方面的平台。

晋江人活络周到的做事方式也让人感受深刻。我们在达沃的那几天，正值商会成立之前的紧张筹备期，但蔡会长还是挤出时间与我们代表团叙谈，并邀请我们出席商会成立仪式。在我们回宾馆后，还特地托秘书送来达沃的特产榴梿。此时并非榴梿季节，送来的是冰冻后的榴梿，但宾馆按规定不允许带这种有强烈味道的美味水果入内，结果我们中爱吃榴梿的同事只好在宾馆门口把这些美味消灭干净。另外，前来参会的世界晋江同乡总会会长施文诞先生也体现了很强的亲和力，他年届七十但看起来还很年轻。他本是加拿大晋江商会会长，儿子在香港，上一次来达沃已是四十多年前。在商会成立仪式上，他个人也捐资 5 万人民币。

参加完成立仪式出来，SM 商场内仍然是灯火通明，商铺仍然没有打烊。我一方面仍不免惊奇于菲律宾人这种热烈的消费习惯（尽管已知菲律宾人爱购物，许多连锁快餐厅也是 24 小时营业），另一方面也不得不慨叹：包括晋江人在内的福建人能够在菲律宾深深扎根，最重要的不是天时与地利，而是人和。

五、大选为谁而忙

我们出访时正值菲律宾 2019 年 5 月中期选举，参、众两院面临部分改选。所以，在我们一行访问马尼拉和达沃时，也能感受到临近的选举气氛。在电视台播放的节目中，候选人在进行辩论。在一些街头，也可以看到选举的招贴。

这次选举可被视为今后菲律宾政治走向的一个重要风向标。自从杜特尔特任总统以来，一直面临反对派的严重掣肘。如果这次其支持者能够在参、众两院占据更多席位，将是确保其顺利执政并推行其一系列主张的重要保证。为此，他的一系列重要助手都被安排参选，例如前特别助理克里斯托弗·吴、前国警总监黎拉·罗刹都拟向参议员席位冲刺。克里斯托弗·吴是华人，在达沃市时起就为杜特尔特服务，是那个总是站在其身边的人。在马尼拉下榻酒店的一个下午，笔者忙完公务与一个菲律宾学者聊天。结束后他起身时突然像发现了什么似的对我说：你认识那个人吗？我偏头一看，

达沃市郊路边的选举招贴

就是克里斯托弗·吴。但我只能回答说：我认识他，但他不认识我。在民意测验中，他的支持率还颇高。根据2019年3月的一次民调，他获得53%的支持率，在所有五六十名候选人中名列第三。如果他成功当选，很可能会成为菲律宾政治中的重要人物。

但被许多人视为杜特尔特政治接班人的其女儿莎拉此次并未参选参议员。一般来说，她如果能够实现从地方市长到全国参议员的转变，有利于树立她在全国的政治声誉，从而为成为第三位女总统做准备（前两位菲律宾女总统是阿基诺夫人与阿罗约）。在家族政治盛行的菲律宾，借其父亲的名声在若干年后当选总统，是件再正常不过的事情，阿罗约当年就是这么干的。就此，笔者向菲律宾政治学者表达了她为什么不参选的疑问，得到的答案是：她如果参选参议员，杜特尔特家族就很可能失去在达沃市的执政权。因为杜特尔特目前成年的子女主要是两子一女。一个儿子是类似花花公子似的人物，不可能进入政坛；另一个儿子保罗倒是担任过达沃市副市长，但他曾被指称庇护毒贩并因此丑闻而辞去了副市长职务。在这种情况下，放弃今年参选参议员、继续看守杜特尔特家族在达沃市的政治地盘可能也是莎拉唯一的选择。

这几年几次访菲，某些方面所感受到的变化不可谓不大：总统从略显呆板的阿基诺三世，换成了个性人物杜特尔特；中菲关系从南海争端引发的紧张对峙，变成了两国在“一带一路”倡议上的密切合作。比较不变的是菲律宾的国内层面：一样的政治，一样的社会，经济有些变化但总体上不算大。杜特尔特总统正试图以自己的雄心和不羁的风格推动菲律宾改变，但能否成功尚不得而知，我们只能拭目以待。

致 谢

在一本不厚的书完成之际，才发现应该感谢太多的人。

最需要感谢的是菲律宾大学亚洲中心的艾琳·巴维尔娅（Aileen Baviera）教授。她是我 2015 年时访学的合作导师，但之前并不相识。在计划去菲访学之后，从中国社会科学院薛力师兄处得到她的邮件地址，就贸然与她联系，结果她慨然接受了我的访学申请。在菲期间，她对笔者帮助甚多。例如，对于笔者开展的学者访谈工作，她提供了详细的学者名单。另外，她还协助我参加各种学术会议，主动邀请我在她主编的刊物撰写相关文章，并推动一些主流媒体对我进行采访。在我与上海社科院代表团 2017、2019 年访菲时，她也提供了各种帮助。尽管我们在中菲关系特别是南海争端方面持有明显不同的观点，但感觉得出来，她希望推动双方间有更多的相互交流与理解，发展一种和平、稳定的中菲关系。另外，还要感谢菲律宾大学亚洲中心的艾维·伽拉迪洛（Ivy Ganadillo）小姐，她是我 2015 年访学的具体接待人。由于个人原因，去菲访学时间一再推迟，相关的邀请文件也不得不一再变更。但她总是不厌其烦，并为我的签证事宜提供了很多帮助。在菲律宾时，我有什么旅行计划，也总是事先征求她的意见。

在我历次逗留菲律宾的过程中，还有许多值得感谢的人士：在菲律宾大学亚洲中心工作的德国人乌里奇·鲁道夫（Ulrich Rotthoff）邀请我一起去尼格罗斯岛，后来我们经常一起聚餐聊天成了朋友，与他的友情是一笔宝贵的财富。前菲律宾中国研究协会主席、现任菲律宾驻华大使奇托·桑塔罗马纳（Chito Sta Romana）先生是一位可敬的老人，他不但接受了我的访谈，还热心推荐了不少学者，为我的后续访学提供了许多便利。菲律宾大学的政治学教授罗兰德·锡普兰（Roland Simbulan）颇为健谈，为人潇洒，我有幸对他进行访谈并到他家里做客。2015 年接受过我访谈的人士还包括：菲律宾大学亚洲中心蒂娜·克列门托（Tina Clemente）教授、雅典耀大学孔子学院菲方院长黄淑琇（Ellen Palanca）教授、中方院长刘小芳女士、媒体人士黄栋星先生、菲律宾大学法学院杰·巴通巴卡（Jay Batongbacal）教授、德拉萨大学雷纳托·德·卡斯特罗（Renato De Castro）教授、华裔传统文化基金会创会主席洪玉华（Teresita Ang See）女士、菲裔美国学者本杰明·缪戈（Benjamin Muego）教授、菲律宾大学特马里奥·里维拉（Temario Rivera）教授、人民赋权治理中心政策主任鲍比·泰宗（Bobby Tuazon）博士、Miriam 学院隆美尔·班洛伊（Rommel Banlaoi）先生、雅典耀大学的辛尼·巴泰（Sindney C. T. Bata）和黛西·锡（Daisy C. See）博士、菲律宾前驻东盟大使威尔弗里多·维拉考特（Wilfrido V. Villacorta）先生等。马尼拉新加坡国际学校中文部主任刘竞先生、来自巴科洛德的卢文龙先生允许我把他们的经历公之于众，并提供了相关的照片（除书中注明的外，其余照片均由笔者本人拍摄）。另外，时任上海《文汇报》驻马尼拉记者朱宁先生、时任中国驻菲律宾大使馆政治处的郁政先生和发言人李凌宵女士、菲律宾大学亚洲中心前主任艾德华多·冈萨雷斯（Eduardo T. Gonzalez）教授和现主任乔费·桑塔里塔（Joefe B. Santarita）博士、讲授菲律宾外交课程的小赫雷里多·塞维拉（Henelito A. Sevilla, Jr）博士以及工作人员塞娅（Seya）、乔纳斯（Janus）等人也对我帮助良多。还要感谢与上海社科院合作的达沃雅典耀大学及其代表，在他们的协助下，我得以开展两次马尼拉和达沃之行，从而丰富了我对菲律宾的感受，在此谨向他们致以诚挚的谢意。

感谢我所在的单位上海社会科学院及其下属的国际问题研究所。王战前院长是上海社科院与达沃雅典耀大学、达沃市政府三方合作项目的倡导者，这个项目为我更多接触菲律宾提供了机会。我有幸参加上海社科院的达沃课题组并做了一些组织工作，在此要对包括城市与人口研究所副所长屠启宇研究员和李娜副研究员、世界经济研究所苏宁副研究员、经济研究所张晓娣博士、应用经济研究所博士生吴真如女士和国际合作处项目官邹祎女士等课题组成员表示感谢。上海社科院副院长王振研究员、国际合作处及前处长吴雪明博士、中国国际经济交流中心上海分中心及其研究部主任陆军荣研究员和上海社科院智库建设基金会及其秘书长李轶海先生、黄河女士等，为本人2019年访问菲律宾提供了宝贵的指导与帮助。特别要强调的是国际问题研究所前任常务副所长刘鸣研究员、现任所长王健研究员和副所长余建华研究员，以及其他院、所同事积极创造条件让我访学、访问，是我得以完成本书的重要保证。另外，要感谢澎湃新闻网、《环球时报》《东方早报》《文汇报》以及《环球》杂志等媒体的朋友，是他们的帮助使得本书的部分成果得以提前发表接受读者的检阅。最后，要感谢的是上海社会科学院出版社的佘凌社长与编辑王睿女士。没有他们的支持与努力，这本书不可能面世。

还有家人及许多朋友值得感谢。他们与我分享在菲律宾的岁月，关心此书的出版，并对我帮助不少，在此无法一一列举，只能身怀感念，铭记在心。希望这本书的出版，能够对推动中国普通读者更多了解菲律宾和为中菲关系的稳定发展做一点小小的贡献，或许就是对这些朋友的最好回报。

图书在版编目（CIP）数据

遇见菲律宾：一位中国学者的旅菲散记 / 李开盛著
. —上海：上海社会科学院出版社，2019
ISBN 978-7-5520-2945-1

Ⅰ.①遇… Ⅱ.①李… Ⅲ.①随笔－作品集－中国－当代 Ⅳ.①I267.1

中国版本图书馆CIP数据核字（2019）第232552号

遇见菲律宾：一位中国学者的旅菲散记

著　　者：李开盛
责任编辑：王　睿
封面设计：夏艺堂
出版发行：上海社会科学院出版社
上海顺昌路622号　邮编200025
电话总机021-63315947　销售热线021-53063735
http://www.sassp.cn　E-mail: sassp@sassp.cn
排　　版：南京展望文化发展有限公司
印　　刷：上海新文印刷厂
开　　本：890×1240毫米　1/32开
印　　张：8.625
插　　页：2
字　　数：162千字
版　　次：2019年11月第1版　　2019年11月第1次印刷

ISBN 978-7-5520-2945-1 / I · 362　　定价：48.00元
